三體
解說 韓石峰
千字文

明 文 堂

머 리 말

一, 千字文에는 廣千字文과 易千字文 및 이 千字文의 三種이 있는데, 이 千字文은 梁나라 武帝의 命을 받아 周興嗣가 지은 四言古詩 二百五十句 一千字로 되어 있다. 周興嗣가 이 글을 하룻밤 사이에 짓고 머리가 白髮이 되었다고 하여 이 千字文 副題를 「白首文」이라 한다. 우리 나라에서는 古來로 幼學의 敎科書로 삼았다.

一, 이 책은 韓石峰이 쓴 것의 複寫本인데, 正字가 아닌 것은 原形에 損傷되지 않도록 修正을 加하여 어린이의 學習에 혼란이 없도록 하였다.

一, 參考하도록 表紙의 裏面에 永字八法·祭禮·紙榜쓰는 法·祭物차려 놓는 法·三綱·五倫·朱子十悔訓·勸學文朱字訓을 넣었고, 附錄으로 童蒙先習·啓蒙篇·明心寶鑑·姓氏一覽·日本假名文字·正俗略字·잘못 읽기 쉬운 漢字·一字異音·틀리기 쉬운 비슷한 字 등을 收錄하였다.

一, 이 책은 書藝의 본으로 活用하면 많은 도움이 될 것이다.

一九八二年 四月 日

편 자 적음

千字文

sun 날 일 ニチ(ひ)	house 집 우 ウ(いえ)	heaven 하늘 천 テン(そら)
日	宇	天
moon 달 월 ゲツ(つき)	universe 집 주 チュウ(そら)	earth 따 지 チ,ヂ(つち)
月	宙	地
full 찰 영 エイ(みちる)	vast 넓을 홍 コウ(おおみず)	black 검을 현 ゲン(くろい)
盈	洪	玄
decline 기울 측 ソク(かたむく)	wild 거칠 황 コウ(あれる)	yellow 누를 황 コウ(きいろい)
昃	荒	黃

귀절풀이

〈天地玄黃〉 하늘은 위에 있어 그 높이는 아득히 멀고 땅은 아래에 있어 그 빛이 누르다.
〈宇宙洪荒〉 하늘과 땅사이는 넓고 커서 시작이 없으며 끝이없다.
〈日月盈昃〉 해는 정오를 지나면 서쪽으로 기울고 달도 차면 점차 기울어 진다. 昃俗作仄

閏 leap·year 윤달윤 ジュン(うるう)	秋 autumn 가을추 シュウ(あき)	寒 cold 찰한 カン(さむい)	辰 star 별진 シン(ほし)
餘 remain 남을여 ヨ(あまる)	收 obtain; harvest 거둘수 シュウ(おさめる)	來 come 올래 ライ(くる)	宿 lodge 잘숙(수) シュク(やどる)
成 complete 이룰성 セイ(なる)	冬 winter 겨울동 トウ(ふゆ)	暑 heat of summer 더울서 ショ(あつい)	列 burning 벌릴렬 レツ(はげしい)
歲 age 해세 サイ(とし)	藏 storage 감출장 ゾウ(くら)	往 go towards 갈왕 オウ(ゆく)	張 hold 베풀장 チョウ(はる)

〈辰宿列張〉 별은 각각 그자리에 위치하여 하늘에 넓게 벌려져 있음을 말함이다.
〈寒來暑往〉 추위가 오면 더위가 가고 더위가 오면 추위가 가니 계절의 바뀜을 말함.
〈秋收冬藏〉 가을에 곡식을 거두고 겨울이 오면 감춰둔다.
〈閏餘成歲〉 일년 이십사절기 나머지 시각을 모아 윤달로하여 해를 조절(調節) 하였다.

金 gold 쇠 금 キン (かね)	露 dew 이슬 로 ロ (つゆ)	雲 cloud 구름 운 ウン (くも)	律 law 법칙 률 リツ (のり)
生 live 날 생 セイ (いきる)	結 ally with; form 맺을 결 ケツ (むすぶ)	騰 ascend 날 등 トウ (あがる)	呂 tune 법칙 려 リョ (ロ)
麗 beautiful 빛날 려 レイ (うつくしい)	爲 do; make 하 위 イ (なす、ため)	致 bring about 이를 치 チ (いたす)	調 harmonize 고를 조 チョウ (ととのう)
水 water 물 수 スイ (みず)	霜 frost 서리 상 ソウ (しも)	雨 rain 비 우 ウ (あめ)	陽 sun 볕 양 ヨウ (ひ)

〈律呂調陽〉 율(六律)과 여(六呂)는 각기 계절을 조절하여 음(陰) 양(陽)을 고르게 하니 율은 양이고 여는 음이다.
〈雲騰致雨〉 수증기가 증발하여 구름이 되어 하늘에 올라가서 비로 변한다.
〈露結爲霜〉 이슬이 맺혀 서리가 되니 밤기운의 한기가 풀잎에 맺혀 이슬이 된다.
〈金生麗水〉 금은 여수에서 나온다. 麗水는 川名으로 중국의 지명이다.

〈玉出崑岡〉 옥은 곤강에서 나온다. 곤강은 중국의 산 이름이다.
〈劍號巨闕〉 거궐은 칼이름이니 구야자가 만든 보검(四大名劍中의 하나)이다.
〈珠稱夜光〉 구슬을 야광이라 일컬었나니 그 빛이 낮같이 밝기 때문이다.
〈果珍李柰〉 과실중에서는 오얏과 벚의 진미가 으뜸이다.

dragon 용 룡 リュウ(たつ)	scale 비늘 린 リン(ろこ)	sea 바다 해 カイ(うみ)	vegetables 나물 채 サイ(な)
teacher 스승 사 シ(おさ)	dive 잠길 잠 セン(ひそむ)	salt 짤 함 カン(しおからい)	weighty 무거울 중 ジュウ(おもい)
fire 불 화 カ(ひ)	feather 깃 우 ウ(はね)	river 물 하 カ(かわ)	mustard plant 겨자 개 カイ(からしな)
emperor 임금 제 テイ(みかど)	hover oven 날개 상 ショウ(かける)	insipid 맑을 담 タン(あわい)	ginger 새앙 강 キョウ(しょうが)

〈菜重芥薑〉 야채중에는 겨자와 생강이 제일 중하다.
〈海鹹河淡〉 바닷물은 짜고 강물은 싱겁고 맑다.
〈鱗潛羽翔〉 비늘 있는 고기는 물속에 잠기고 날개있는 새는 공중을 날은다.
〈龍師火帝〉 복희씨는 용으로써 벼슬을 기록하고 신농씨는 불로써 기록하였다.

〈鳥官人皇〉 소호는 새로써 벼슬을 기록하고 황제는 인문이 갖췄으므로 인황이라 하였다.
〈始制文字〉 복희씨는 신하 창힐을 시켜 새 발자취를 보고 처음으로 글자를 만들었다.
〈乃服衣裳〉 이에 의상을 입게하니 황제가 의관을 지여 등분을 분별하고 위의를 엄숙케했다.
〈推位讓國〉 벼슬을 미루고 나라를 사양하니 제요가 제순에게 전위하였다.

坐 sit 앉을 좌 ザ(すわる)	周 border 두루 주 シュウ(めぐる)	吊 condole 조상 조 チョウ(とむらう)	有 exist 있을 유 ユウ(ある、また)
朝 morning 아침 조 チョウ(あさ)	發 issue; rise 필 발 ハツ(おこる)	民 people 백성 민 ミン(たみ)	虞 name of a state 나라 우 グ(うれえる)
問 ask 물을 문 モン(とう)	殷 name of a state 나라 은 イン(くにのな)	伐 attack 칠 벌 バツ(うつ)	陶 porcelain 질그릇 도 トウ(すえ)
道 road 길 도 ドウ(みち)	湯 hot water 끓을 탕 トウ(ゆ)	罪 sin 허물 죄 サイ(つみ)	唐 name of a state 나라 당 トウ(くにのな)

〈有虞陶唐〉 유우는 제순이요, 도당은 제요이니 중국 고대의 제왕으로 모두 자식이 없었다.
〈吊民伐罪〉 불쌍한 백성은 위로하여 돕고 죄지은 백성은 벌을 주었다.
〈周發殷湯〉 주발은 무왕의 이름이고 은탕은 은왕의 칭호이다.
〈坐朝問道〉 조정에 앉아 정치하는 도(방법)를 물으니 임금이 나라 다스리는 법을 일컬음이다.

〈垂拱平章〉 밝고 평화스럽게 함이니 임금이 몸을 공손히하고 백성을 다스림을 말함.
〈愛育黎首〉 검은머리는 백성이라 서민은 (冠을 쓰지 않으므로) 임금이 마땅히 사랑하고 양육해야 한다.
〈臣伏戎羌〉 위와같이 임금의 덕으로 나라를 다스리면 융과강(국경의 미개한 오랑캐족)도 항복하고 복종한다.
〈遐邇壹體〉 먼 이민족이나 가까운 제후들이 임금의 덕망에 회유되어 일신 동체가 된다.

〈率賓歸王〉 거느리고 복종하여 왕에게 돌아오니 덕을 입어 복종치 아니함이 없음을 말함.
〈鳴鳳在樹〉 위로 명군이 있어 성현을 등용하여 천하가 태평하면 감동하여 봉황새가 오동나무 위에 앉아 울것이다. (鳳은 瑞鳥)
〈白駒食場〉 평화스러움을 상징한 것이며 즉 흰 망아지도 어질게 감화되어 사람을 따르며 마당에서 풀을 뜯어 먹도다.
〈化被草木〉 덕화(德化)가 사람이나 짐승에게만 미칠뿐 아니라 초목에까지도 미침을 말함.

〈賴及萬方〉 백성이 신뢰할만한 복리가 만방에 미치다.
〈蓋此身髮〉 이 몸의 털은 사람마다 없는 이가 없다.
〈四大五常〉 네가지 큰것과 다섯가지 떳떳함이 있으니 사대는 도, 천, 지, 왕, (道, 天, 地, 王)이요, 오상은 인, 의, 예, 지, 신(仁, 義, 禮, 智, 信)이다.
〈恭惟鞠養〉 국양함을 공손히 하라, 사람의 몸은 부모의 기르신 은혜 때문이다.

〈得能莫忘〉능함을 얻거든 잊지 말라. 능함을 잊지 아니한즉 학문이 진취된다.
〈罔談彼短〉자기의 단점을 말하지 말 것이니 남의 단점 또한 흉보지 말라.
〈靡恃己長〉자기의 장점을 자랑하지 말라. 그럼으로써 더욱 발전 한다.
〈信使可覆〉믿음은 성실함이니 남과 약속한 것은 반드시 실행하여야 한다.

〈器欲難量〉사람은 참으로 심오하여 그 인품 기량을 헤아리기가 어렵다.
〈墨悲絲染〉흰실에 검은 물이 들면 다시 희지 못함을 슬퍼한다. 즉 인간이 악풍에 감염되지 말도록 훈계한것.」 「니 사람의 선악을 말한 것이다.
〈詩讚羔羊〉시전 고양편에 남국 대부가 문왕의 덕을 입어 정직하게 됨을 칭찬 하였으
〈景行維賢〉행실을 훌륭하고 당당하게 쌓으면 어진사람이 될 수 있다.

〈虛堂習聽〉 빈집에서 소리를 내어보면 울리어 잘 들린다. 즉 착한 말을 하면 천리밖에서도 응한다.
〈禍因惡積〉 재앙은 악을 쌓음에 인한것이니 대개 재앙을 받는 이는 평일에 악을 쌓았기 때문이다.
〈福緣善慶〉 복은 착한 일에서 오는것이니 착한 일을 하면 경사가 온다.
〈尺璧非寶〉 한자되는 구슬이라고 해서 결코 보배라고 볼 수 없다.

〈寸陰是競〉 진귀하고 보배로운 구슬보다 짧은 시간이 더 귀중하다.
〈資父事君〉 아버지를 섬기는 효도로써 임금을 섬겨야 한다.
〈曰嚴與敬〉 임금을 섬기는데는 엄숙함과 공경함이 있어야 한다.
〈孝當竭力〉 부모를 섬기는데는 마땅히 힘을 다하여 게으르지 아니 할 것이다.

〈忠則盡命〉 충성한즉 목숨을 다하니 임금을 섬기는 데 몸을 사양해서는 안 된다.
〈臨深履薄〉 깊은곳에 임하듯 하며 얇은 데를 밟듯이 삼가 주의 할 것이다.
〈夙興溫凊〉 일찍 일어나서 추울적에는 더웁게, 더우면 서늘하게 하는것이 부모 섬기는 절차이다.
〈似蘭斯馨〉 난초 같이 꽃다우니 군자의 지조를 비유한 것이다.

容 accept 얼굴용 ヨウ(いれる)	淵 gulf 못 연 エン(ふち)	川 stream 내 천 セン(かわ)	如 like 같을여 ジョ(ごとし)
止 stop 그칠지 シ(とまる)	澄 clear 맑을징 チョウ(すむ)	流 flow 흐를류 リュウ(ながれる)	松 pine-tree 솔 송 ショウ(まつ)
若 like 같을약 ジャク(ごとし)	取 take 가질취 シュ(とる)	不 not 아니불 フ･ブ(せず)	之 go 갈 지 シ(ゆく,の,これ)
思 think; consider 생각사 シ(おもう)	映 shine 비칠영 エイ(うつる)	息 breathe 쉴 식 ソク(いき)	盛 prosperous 성할성 セイ(さかん)

〈如松之盛〉소나무 같이 변치 않고 성함을 군자의 절개에 비유한 말이다.
〈川流不息〉내가 흘러 쉬지 않으니 군자의 행지를 비유함이다.
〈淵澄取映〉못이 맑아 비치우니 군자의 마음을 비유함이다.
〈容止若思〉행동을 침착히 하며 사물에 대하여 깊이 생각할 것이다.

〈言辭安定〉 말솜씨 또한 안정케하여 자상하고 필요없는 말일랑 하지말라.
〈篤初誠美〉 무슨 일에든 처음을 신중히 함은 참으로 아름다운 것이다.
〈愼終宜令〉 끝맺음 또한 처음 시작할 때와 같이 좋아야 한다.
〈榮業所基〉 이상과 같이 잘 지키면 성대한 사업의 기초가 된다.

〈籍甚無竟〉 또한 자신의 명예나 평판이 후세에 길이 칭송될 것이다.
〈學優登仕〉 배운것이 넉넉하면 벼슬에 오를 수 있다.
〈攝職從政〉 벼슬을 잡아 정사를 좇는다는 뜻으로 국정에 참여함을 말한다.
〈存以甘棠〉 주나라 소공이 남국의 아가위나무 아래에서 백성을 교화시켰다.

〈去而益詠〉소공이 죽은후 남국의 백성이 그 덕을 추모하여 감당시를 읊었다.
〈樂殊貴賤〉풍류는 귀천이 다르니 천자는 팔일, 제후는 육일, 사대부는 사일, 서인은 이일이다.
〈禮別尊卑〉예도에 존비의 분별이 있으니 군신, 부자, 부부, 장유, 붕우의 차별이 있다.
〈上和下睦〉위에서 교화하고 아래에서 공경하므로 화목하게 된다.

〈夫唱婦隨〉 남편이 먼저 노래하면 부인은 이에 따르니 동양적 예의질서는 화합의 근본 사상이다.
〈外受傳訓〉 여덟살이 되면 밖에서 스승의 가르침을 받아야 한다. 즉 학교에 가서 배운다.
〈入奉母儀〉 집에 들어서는 어머니를 받들어 가정교육을 받는다.
〈諸姑伯叔〉 여러 고모, 백부, 숙부는 친척이다.

交 associate; cross 사귈교 コウ(まじわる)	同 together 한가지동 ドウ(おなじ)	孔 hole 구멍공 コウ(あな)	猶 yet 같을유 ユウ(なお)
友 friend 벗우 ユウ(とも)	氣 air 기운기 キ(いき)	懷 cherish 품을회 カイ(いだく)	子 son 아들자 シ(こ)
投 throw 던질투 トウ(なげる)	連 connect 연할련 レン(つらなる)	兄 elder brother 맏형 ケイ、キョウ(あに)	比 compare 견줄비 ヒ(くらべる)
分 divide; share 나눌분 ブン(わける)	枝 branch 가지지 シ(えだ)	弟 younger brother 아우제 テイ(おとうと)	兒 child 아이아 ジ、ニ(こ)

〈猶子比兒〉 조카들도 자기의 친자식과 같이 대하여야 한다.
〈孔懷兄弟〉 형제는 서로 사랑하여 의좋게 지낼 것이다.
〈同氣連枝〉 형제는 부모의 기운을 같이 받았으니 나무에 비하면 가지와 같다.
〈交友投分〉 벗을 사귀는데는 서로 분수에 맞는 사람들끼리 하여야 한다.

〈切磨箴規〉 열심히 닦고 갈아서 사람으로서의 도리를 지켜야 한다.
〈仁慈隱惻〉 어진 마음으로 남을 사랑하고 또한 측은하게 여긴다.
〈造次弗離〉 잠깐이라도 남을 사랑하고 동정하는 마음이 떠나지 않는다.
〈節義廉退〉 절개, 의리, 청렴, 사양함은 군자로서 항시 조심하여야 할 일이다.

keep 지킬 수	mind 마음 심	nature 성품 성	summit 넘어질 전
true; real 참 진	move 움직일 동	quiet 고요 정	swamp 자빠질 패
intend 뜻 지	god 귀신 신	feelings; affections 뜻 정	bandit 아닐 비
full 가득할 만	tired 가쁠 피	ease 편안 일	wane 이지러질 휴

〈顚沛匪虧〉 엎드러지고 자빠져도 이지러지지 않으니 용기를 잃지 말아라.
〈性靜情逸〉 성품이 고요하면 뜻이 편안하니 고요함은 천성이요, 동작함은 인정이다.
〈心動神疲〉 마음이 움직이면 신기가 피곤하니 마음이 불안하면 신기도 불편하다.
〈守眞志滿〉 사람이 본래의 진심을 잃지 않으면 뜻이 충만하나니 군자의 도를 지키면 뜻이 편안하다.

〈逐物意移〉 외부에 감동되어 사물을 탐내면 선의가 불선으로 옮겨진다.
〈堅持雅操〉 맑은 지조를 굳게 지키면 나의 도리가 극진하게 된다.
〈好爵自縻〉 스스로 좋은 벼슬을 얻게되니 천작을 극진히 하면 인작이 스스로 이르게 된다.
〈都邑華夏〉 화하에 도읍하니 시대를 따라 수도(서울) 가 다르다.
　　　　　　※ 화하는 중국인이 자칭하는 말로 「華夏中國也」라 하였다.

宮 palace 집 궁 キュウ(みや)	浮 float 뜰 부 フ(うかぶ)	背 back; behind 등 배 ハイ(せ)	東 east 동녘 동 トウ(ひがし)
殿 palace 전각 전 テン(との)	渭 name of a river 위수 위 イ(かわのな)	邙 name of a hill 터 망 ボウ(七まのな)	西 west 서녘 서 セイ(にし)
盤 vessel 소반 반 バン(おおざら)	據 depend upon 웅거할거 キョ(よる)	面 face 낯 면 メン(かお)	二 two 두 이 ニ(ふたつ)
鬱 depressed 답답할울 ウツ(ふさがる)	涇 flow straight through 경수경 ケイ(とおる)	洛 name of a river 낙수 락 ラク(かわのな)	京 capital 서울경 キョウ,ケイ(みやこ)

〈東西二京〉동과 서에 두 서울이 있으니 동경은 낙양이고, 서경은 장안이다.
〈背邙面洛〉동경인 낙양은 북망산을 배경으로 하고 낙수에 면전(面前)하였다.
〈浮渭據涇〉서경인 장안은 위수부근에 위치하고 경수에 의거하여 위치하였다.
〈宮殿盤鬱〉궁전은 울창한 나무사이에 서리어 깊숙하고

〈樓觀飛驚〉 궁전안의 고루(高樓)와 관대(觀臺)는 마치 새가 깃을 펼치고 날아오르는
〈圖寫禽獸〉 듯 하고 우뚝솟은 모양은 놀란 새가 머리를 들고 있는 것처럼 웅장한 기세이다.
　　　　　　궁전 내부에 새와 짐승을, 누각에는 용봉을 본떠서 그리었다.
〈畵綵仙靈〉 신선과 신령의 그림도 화려하게 채색되어 있다.
　　　　　　　　　　　　　　　　　　　　　　　　　　　　　　　「열리었다.
〈丙舍傍啓〉 궁전 사이에는 많은 관사가 곁에 건립되어 그곳에 통하는 출입문은 옆으로

⟨甲帳對楹⟩ 화려한 갑장이 기둥을 대하였으니 동방삭이 갑장을 지어 임금이 잠시 정지하는 곳이다.
⟨肆筵設席⟩ 자리를 베풀고 돗을 베푸니 연회하는 좌석이다.
⟨鼓瑟吹笙⟩ 거문고를 타고 생황저를 불어서 음악을 연주한다.
⟨陞階納陛⟩ 문무백관이 계단을 올라 임금께 납폐하는 절차이다.

※ 瑟: large horinzontal musical instrument usually having 25 strings
※ 笙: Small musical instrument consisting of number of pipes

旣 already 이미기	左 left 왼좌	右 right 오른우	弁 conical cap 고깔변
集 gather 모을집	達 reach 사무칠달	通 pass through 통할통	轉 turn 구를전
墳 grave 무덤분	承 receive; inherit 이을승	廣 broad 넓을광	疑 doubt 의심의
典 law 법전	明 bright 밝을명	內 inside 안내	星 star 별성

〈弁轉疑星〉 그들의 관에 장식한 주옥은 움직임에 따라 찬연히 빛이나 관에 구슬이 별 인가 의심할 정도였다.
〈右通廣內〉 오른편에 광내가 통하니 광내는 나라 비서를 두는 집이다.
〈左達承明〉 왼편에는 승명이 사모치니 승명은 사기를 교열하는 집이다.
〈旣集墳典〉 이미 분과 전을 모았으니 삼황의 글은 삼분이고 오제의 글은 오전이다.

〈亦聚群英〉 또한 여러 영웅을 모으니 분전을 강론하여 치국하는 도를 밝힘이라.
〈杜槀鍾隷〉 두가의 초서와 종가의 예서이니 두조는 동한 사람이요, 종유는 위국 사람이다.
〈漆書壁經〉 한나라 공왕이 공자의 사당을 수리할 때 옷으로 쓴 서적을 벽에서 얻은고 「로 벽경이니라.
〈府羅將相〉 마을 좌우에 장수와 정승이 벌려 있느니라.

〈路夾槐卿〉 길에 고관인 삼공 구경이 마차를 타고 궁전으로 들어가는 모습. ※夾은 通作俠
〈戶封八縣〉 한나라가 천하를 통일하고 여덟고을 민호(民戶)를 주어 공신을 봉하였다.
〈家給千兵〉 제후나라에 일천군사를 주어 그 집을 호위시켰다.
〈高冠陪輦〉 대신(大臣)이 높은 관을 쓰고 천자의 차에 함께 승차하여 모시었다.

策 plan 꾀 책 サク(ふだ、はかりごと)	車 cart 수레거(차) シャ(くるま)	世 world 인간세 セイ・セヨ	驅 drive 몰구 ク(かる)
功 distinguished service 공 공 コウ(いさお)	駕 carriage 멍에 가 カ(のりもの)	祿 salary; stipend 녹 록 ロク(ふち)	轂 hub of a wheel 바퀴곡 コク(こしき)
茂 flourishing 성할무 モ(しげる)	肥 plump 살찔비 ヒ(こえる)	侈 luxury 사치치 シ(おごる)	振 shake off 떨칠진 シン(ふるう)
實 fruit 열매실 ジツ(み)	輕 light 가벼울경 ケイ(かるい)	富 rich 부자부 フウ(とむ)	纓 throat-band to hold the hat 끈 영 エイ(ひも)

〈驅轂振纓〉 수레를 신속히 의기양양하게 몰매 관끈은 화려하여 실로 위의가 장엄하다.
〈世祿侈富〉 대대로 녹이 사치하고 부하니 제후 자손이 세세관록을 상전함이라.
〈車駕肥輕〉 수레와 말이 살찌고 가벼웁다.
〈策功茂實〉 공을 기록하매 무성하고 충실하니라.

奄 sudddenly 문득엄 エン(たちまち)	佐 assist 도울좌 サ(たすける)	磻 flint arrowhead 돌반 ハン、ハ(セじリ)	勒 bridle 굴레륵 コク(くつわ)
宅 house 집택 タク(すまい)	時 time 때시 ジ(とき)	溪 streamlet 시내계 ケイ(たに)	碑 stone monument 비석비 ヒ(いしぶみ)
曲 bent 굽을곡 キョク(まげる)	阿 hill 언덕아 ア(おか)	伊 he; she; it 저이 イ(かれ)	刻 carve 새길각 コク(きざむ)
阜 hill 언덕부 フ(おか)	衡 balance beam 저울대형 コウ(はかリ)	尹 govern 맏윤 イン(おさむ)	銘 write down 새길명 メイ(しるす)

〈勒碑刻銘〉 비석에 그 이름을 새겨 공을 찬미하여 후세에 전하였다.
〈磻溪伊尹〉 문왕은 반계에서 강태공을 맞고 은왕은 신야에서 이윤을 맞았다.
〈佐時阿衡〉 때를 돕는 아형이니 아형은 상나라 재상의 칭호이다.
〈奄宅曲阜〉 주공이 큰공이 있는고로 노국을 봉하니 곡부땅에 도읍하였다.

綺 variegated thin silk 비단 기 キ(あやぎぬ)	濟 cross a stream 건널 제 サイ(わたる)	桓 manly 굳셀 환 カン(たけしい)	微 small 작을 미 ビ(かすか)
回 return to [from] 돌아올 회 カイ,エ(めぐる)	弱 weak 약할 약 ジャク(よわい)	公 public 공작 공 コウ(おおやけ)	旦 morning 아침 단 タン(あした)
漢 The Han River 한수 한 カン(かわのな)	扶 support 붙들 부 フ(たすける)	匡 correct 바를 광 キョウ(ただす)	孰 who 누구 숙 ジュク(たれ)
惠 benefit; gracious 은혜 혜 ケイ(めぐみ)	傾 incline 기울 경 ケイ(かたむく)	合 join; gather 모을 합 ゴウ(あう)	營 manage 경영 영 エイ(いとなむ)

〈微旦孰營〉 단이 아니면 누가 큰 사업을 경영하리오, 단은 주공의 이름이다.
〈桓公匡合〉 제나라 환공은 바르게 하고 모았으니 일광 천하하고 규합제후 하니라.
〈濟弱扶傾〉 약함을 구제하고 기우러짐을 붙드니 환공이 주양왕을 구제함이라.
〈綺回漢惠〉 한나라 네 현인의 한 사람인 기가 한나라 혜제를 회복시켰다.

〈說感武丁〉 부열이 들에서 역사할제 무정이 꿈에 감동되어 곧 정승을 삼았느니라.
〈俊乂密勿〉 준걸과 재사가 조정에 모여 빽빽함. (무정은 은의 제20대 왕이다)
〈多士寔寧〉 준걸과 재사가 많으니 국가가 안정되도다.
〈晉楚更霸〉 진과 초가 다시 으뜸이 되니 진 문공과 초 장왕이 패왕이 되니라.

何	踐	假	趙
what 어찌 하	tread upon 밟을 천	unreal; temporary 거짓 가	name of a state 나라 조
遵	土	途	魏
obey 좇을 준	earth 흙 토	road 길 도	lofty 나라 위
約	會	滅	困
about 언약 약	meet 모을 회	be overthrown 멸할 멸	in consequence of 곤할 곤
法	盟	虢	橫
law 법 법	oath 맹세 맹	name of a state 나라 괵	crosswise 비낄 횡

〈趙魏困橫〉 조와 위는 횡에 곤하니 육국 때에 진나라를 섬기자함을 횡이라 하니라.
〈假途滅虢〉 길을 빌어 괵국을 멸하니 진헌공이 우국에 길을 빌려 괵국을 멸하니라.
〈踐土會盟〉 진문공이 제후를 천토에 모아 맹세하고 협천자영 제후하니라.
〈何遵約法〉 소하는 한고조와 더불어 약법삼장을 정하여 준행하니라.

〈韓弊煩刑〉 한비자는 진시황을 설득하여 가혹한 형벌을 펼치고자 하였는데 이는 너무 번거롭고 가혹하여 폐해가 큰 것이다.
〈起翦頗牧〉 백기와 왕전은 진의 장수이고 염파와 이목은 조의 장수였다.
〈用軍最精〉 군사 쓰기를 가장 정결히 하였다.
〈宣威沙漠〉 장수로서 승전하여 그 위세를 북방 사막에까지 선포하였다.

⟨馳譽丹靑⟩ 영예를 단청으로 달지니 그 초상을 기린각에 그리어 공적을 죽은후에도 남도록 하였다.
⟨九州禹跡⟩ 하후씨가 구주를 분별하시니 기, 유, 곤, 서, 양, 형, 예, 영, 옹, 의 구주이다.
⟨百郡秦幷⟩ 진시황이 천하봉군하는 법을 폐하고 일백군을 두었다.
⟨嶽宗恒岱⟩ 오악은 동태, 서화, 남형, 북항, 중숭산이니 항산과 태산이 조종이라.

〈禪主云亭〉 운과 정은 천자를 봉선하고 제사하는 곳이니 운정은 태산에 있다.
〈鴈門紫塞〉 안문은 기러기가 북으로 가는고로 안문이고 흙이 붉은고로 자색이라 했다.
〈鷄田赤城〉 계전은 옹주에 있고 적성은 기주에 있는 고을이다.
〈昆池碣石〉 곤지는 운남 곤명현에 있고 갈석은 부평현에 있다.

治 govern 다스릴 치 ジ(おさめる)	巖 rock 바위 암 ガン(いわお)	曠 wilderness 빌 광 コウ(ひろい)	鉅 great 클 거 キョ(おおきい)
本 origin 근본 본 ホン(もと)	岫 orifice 산굴 수 シウ(いわあな)	遠 far 멀 원 エン(とおい)	野 wild 들 야 ヤ(の)
於 in; at; on 늘 어 オ(おいて)	杳 obscure 아득할 묘 ミウ(くらい)	綿 cotton 솜 면 メン(わた)	洞 cave 골 동 ドウ(ほら)
農 agriculture 농사 농 ノウ(たつくり)	冥 dark 어두울 명 メイ(くらい)	邈 far off 멀 막 バク(とおい)	庭 yard 뜰 정 テイ(にわ)

〈鉅野洞庭〉 거야는 태산 동편에 있는 광야이고 동정은 호남성에 있는 중국 제일의 호수다.
〈曠遠綿邈〉 산, 벌판, 호수등이 아득하고 멀리 그리고 광활하게 펼쳐저 있음을 말함.
〈巖岫杳冥〉 바위구멍은 아득하고 어두움을 말함.
〈治本於農〉 다스리는 것은 농사를 근본으로 하니 정치의 대요는 농사를 근본으로 한다.

〈勉其祗植〉 착한 도를 공경하여 근신하고 그 선행을 그몸에 적합하게 실덕을 심는다.
〈省躬譏誡〉 기롱과 경계함이 있는가 염려하며 몸을 살피고 반성한다.
〈寵增抗極〉 총애가 더할수록 교만을 부리지 말고 조심할 지니 그 정도를 지켜 나가야 「한다.
〈殆辱近恥〉 총애를 받는다고 욕된 일을 하면 멀지않아 위태롭고 치욕이오니 부귀해도 「겸손 할 것이다.

〈林皐幸卽〉 부귀할지라도 겸퇴하여 산간 수풀에 나가서 한산한 몸이되어 사는 것도 다행한 일이다.
〈兩疏見機〉 한나라의 소광과 소수는 기틀을 보고 상소한후 고향으로 갔다.
〈解組誰逼〉 인끈을 풀고(관직을 떠남) 돌아가니 누가 핍박하리오.
〈索居閑處〉 퇴직하여 한가한 곳을 찾아 살면서 세상을 보냄.

〈感謝歡招〉 마음속의 슬픈 것은 없어지고 즐거움만 부른듯이 오게 된다.
〈渠荷的歷〉 개천의 연꽃도 아름답고 향기 또한 잡아 볼만하다.
〈園莽抽條〉 동산의 풀은 땅 속의 양분으로 가지가 뻗고 크게 자란다.
〈枇杷晩翠〉 비파나무의 잎사귀는 겨울날의 눈과 서리에도 항상 그 빛이 푸르다.

〈梧桐早凋〉 오동나무는 겨울이 되면 그 잎사귀는 가장 먼저 떨어진다.
〈陳根委翳〉 가을이 오면 고목의 뿌리는 시들어 마른다. 가을의 쓸쓸한 정경을 말함.
〈落葉飄颻〉 가을이 오면 낙엽이 바람에 나부끼며 떨어진다.
〈遊鯤獨運〉 곤어는 큰고기이니 홀로 창해를 헤엄쳐 논다. ※ 鯤자는 鵾자로 된 책도 있음.

exchange; easy	dwell	addicted to pleasure	exceed
易 쉬울이	寓 붙일우	耽 즐길탐	凌 능멸능
light carriage	eye	read	rub; polish
輶 가벼울유	目 눈목	讀 읽을독	摩 만질마
distant	purse	play with	deep red
攸 바유	囊 주머니낭	翫 구경완	絳 붉을강
fear	box	market	sky
畏 두려울외	箱 상자상	市 저자시	霄 하늘소

〈凌摩絳霄〉 곤어가 붕새로 화하여 한번 날면 구천에 이르니 사람의 운수를 말함이다.
〈耽讀翫市〉 후한의 왕충이 독서를 즐기어 낙양의 서점에 가서 탐독하였다.
〈寓目囊箱〉 왕충은 글을 한번 보면 잊지 않아 글을 주머니와 상자에 둠과 같다고 했다.
〈易輶攸畏〉 군자는 가볍게 움직이고 쉽게 말하는 것을 두려워한다.

⟨屬耳垣墻⟩ 벽에도 귀가 있다는 말과 같이 경솔히 말하는 것을 조심하라.　※ 墻本作牆
⟨具膳飱飯⟩ 반찬을 갖추고 밥을 먹으니,
⟨適口充腸⟩ 훌륭한 음식이 아니더라도 입에 맞으면 배를 채운다.
⟨飽飫烹宰⟩ 배가 부르면 아무리 맛있는 요리도 싫어져서 더 먹을수 없다.

妾 亠产妾妾 concubine 첩첩 ショウ(めかけ)	老 土耂考老 old aged 늙을로 ロウ(おいる)	親 立亲亲親 intimate 친할친 シン(したしい)	飢 今食飢飢 starve 주릴기 キ(うえる)
御 彳荇御御 drive a chariot 모실어 ギョ・ゴ(あつかう)	少 亅小少少 a few 젊을소 ショウ(すくない)	戚 厂厃戚戚 relatives 겨레척 セキ(みうち)	厭 厂厡厭厭 be tired of; dislike 싫을염 エン(あきる; いとう)
績 糸紆績績 spin thread 길쌈적 セキ(つむぐ)	異 田里異 different 다를이 イ(ことなる)	故 十古古故 ancient; reason 연고고 コ(ふるい; ゆえに)	糟 米粨糟糟 dregs 재강조 ソウ(かす)
紡 糸糸'紡紡 Spin 길쌈방 ボウ(つむぐ)	糧 米粐粠糧 food 양식량 リョウ(かて)	舊 艹茬萑舊 old 옛구 キュウ(ふるい)	糠 米粦粯糠 chaff 겨강 コウ(ぬか)

〈飢厭糟糠〉 반대로 배가 고플때는 술재강이나 쌀겨같은 거친음식도 만족한다.
〈親戚故舊〉 친은 동성지친이오 척은 이성지친이오, 고구는 옛친구를 말한다.「드려야 한다.
〈老少異糧〉 늙은이와 젊은이의 식사가 다르니 노인에게는 연하고 자양이 많은 음식을
〈妾御績紡〉 여자의 임무는 주로 방적과 재봉에 있으니 처첩의 부군에 시중하는 일은 제일이 길쌈하는 것이다.

〈侍巾帷房〉 유방에서 모시고 수건을 받드니 처첩이 하는 일이다.
〈紈扇圓潔〉 깁 부채는 둥글고 조촐하다.
〈銀燭煒煌〉 은빛같이 빛나는 등불이 있어서 그 불꽃이 휘황찬란 하다.
〈晝眠夕寐〉 낮에 낮잠 자고 밤에 일찍 자니 한가한 사람의 일이다.

矯 reform 들 교 キョウ(ためる、なおす)	接 succeed to 접할 접 セツ(まじわる)	絃 string 줄 현 ケン(いと)	藍 indigo 쪽 람 ラン(あい)
手 hand 손 수 シュ(て)	杯 cup 잔 배 ハイ(さかずき)	歌 song 노래 가 カ(うた)	筍 bamboo shoot 댓순 순 ジュン(たけのこ)
頓 bow 조아릴 돈 トン(ぬかずく)	擧 lift 들 거 キョ(あげる)	酒 wine 술 주 シュ(さけ)	象 elephant 코끼리 상 ショウ(ぞう)
足 foot 발 족 ソク(あし)	觴 goblet 잔 상 ショウ(さかずき)	讌 feast 잔치 연 エン(さかもり)	床 board 상 상 ジョウ(ゆか)

〈藍筍象床〉 푸른 댓순과 코끼리 상이니 즉 한가한 사람의 침상이다.
〈絃歌酒讌〉 거문고를 타며 노래하고 술마시며 잔치하니
〈接杯擧觴〉 술잔을 주고 받으며 술이 가득찬 술잔을 손에 들고 마시는 모습이다.
〈矯手頓足〉 손을 들고 발을 올렸다 내렸다 하며 춤을 춘다.

〈悅豫且康〉 이상과 같이 마음이 기쁘고 편안하며 흐뭇하다.
〈嫡後嗣續〉 적실 즉 장자가 뒤를 계승하여 대를 잇는다.
〈祭祀蒸嘗〉 제사하되 겨울제사는 증이라 하고 가을 제사는 상이라 한다.
〈稽顙再拜〉 이마를 조아려 두번 절하니 예를 갖춤이라.

〈悚懼恐惶〉 송구하고 공황하니 엄숙 공경함이 지극하다.
〈牋牒簡要〉 글과 편지는 간략함을 요한다.
〈顧答審詳〉 편지의 회답도 겸손한 태도로 간결하고 상세하게 하여야 한다.
〈骸垢想浴〉 몸에 때가 있으면 목욕하기를 생각하고

〈執熱願涼〉 뜨거운 것을 손에 잡으면 본능적으로 찬것을 찾게 된다.
〈驢騾犢特〉 나귀와 노새와 송아지와 소는,
〈駭躍超驤〉 뛰고 달리며 노는 가축의 번성하는 모습이다.
〈誅斬賊盜〉 역적과 도둑을 죽이고 베어 처벌한다.

恬 peaceful 편안념 テン(やすい)	秫 name of a mountin 메혜 ケイ(せまのな)	布 linen 베포 フ,ホ(ぬの)	捕 catch 잡을포 ホ(とらえる)
筆 writing brush 붓필 ヒツ(ふで)	琴 Chinese guitar 거문고금 キン(こと)	射 shoot 쏠사 シャ(いる)	獲 take in hunting 얻을획 カク(える)
倫 morals 인륜륜 リン(みち)	阮 family name 성완 ゲン(うじ)	遼 distant 멀료 リョウ(はるか)	叛 rebel 반할반 ハン(そむく)
紙 paper 종이지 シ(かみ)	嘯 whistle 휘파람소 ショウ(うそぶく)	丸 pellet 탄자환 カン(たま)	亡 ruin; lose 도망망 ボウ(ほろびる)

〈捕獲叛亡〉 배반하고 도망하는 자를 잡아 죄를 주어 법을 밝힌다.
〈布射遼丸〉 한나라 여포는 활을 잘 쏘아 원술의 적병을 퇴각시켰고 웅의료는 탄환을 잘 굴리어 초왕으로 하여금 승전케 하였다.
〈秫琴阮嘯〉 위나라 혜강은 거문고를 잘 타고 완적은 휘파람을 잘 불었다.
〈恬筆倫紙〉 진나라 몽념은 토끼털로 붓을 만들고 후한의 채윤은 솜으로 종이를 만들었다.

〈鈞巧任釣〉 위나라 마균은 지남거를 만들고 전국시대 임공자는 낚시를 만들었다.
〈釋紛利俗〉 이상 팔인이 재주를 다하여 어지러움을 풀어 풍속에 이롭게 하였다.
〈竝皆佳妙〉 이러한 것은 모두 아름다우며 교묘한 재주였다.
〈毛施淑姿〉 모장과 서시는 절세의 미인으로 옛부터 미인의 대명사였다.

萬曆十年壬午日副司果臣韓濩奉
敎書 二十九年辛丑七月日內府開刊

焉 how 어찌언 エン(なんそ)	謂 speak of 이를위 イ(いう)	愚 stupid; unwise 어리석을우 グ(おろか)
哉 for the first time 입기재 サイ(かな)	語 words 말씀어 ゴ(かたる)	蒙 young 어릴몽 モウ(こうむる)
乎 exclamatory style 온호 コ(か)	助 help 도울조 ジョ(たすける)	等 grade 무리등 トウ(ひとしい)
也 how 입기야 ヤ(なり)	者 person 놈자 シャ(もの)	誚 blame 꾸짖을초 セウ(せむ)

〈愚蒙等誚〉 견문과 학식이 모자랄 적에는 어리석고 무지한 사람과 같이 취급을 받는다.
〈謂語助者〉 어조라고 말하는것은 실자에 대한 허자의 뜻으로 일정한 뜻이 없는 문자이다.
〈焉哉乎也〉 언·재·호·야 이 네글자는 어조사이다.

明文啓蒙篇

松亭 金赫濟 校註

●首篇

上有天하고 下有地하니 天地之間에 有人焉하며 日月星辰者는 天之所係也요 江海山岳者는 地之所載也요 父子君臣長幼夫婦朋友者는 人之大倫也니라

以東西南北으로 定天地之方하고 以靑黃赤白黑으로 定物之色하고 以酸鹹辛甘苦로 定物之味하고 以宮商角徵羽로 定物之聲하고 以一二三四五六七八九十百千萬億으로 總物之數하나니라

●天篇

日出於東方하여 入於西方하나니 日出則爲晝요 日入則爲夜니 夜則月星著見焉이니라

天有緯星하니 金木水火土五星이요 有經星하니 角亢氐房心尾箕斗牛女虛危室壁奎婁胃昴畢觜參井鬼柳星張翼軫二十八宿ㅣ是也니라

一晝夜內에 有十二時하니 十二時ㅣ會而成一日이요 三十日이 會而爲一月이요 十有二月이 合而成一歲니라

月或有小月하니 小月則二十九日이 爲一月이요 歲或有閏月하니 有閏月則十三月이 成一歲也니라

所謂十二支者는 子丑寅卯辰巳午未申酉戌亥也요 天有十干하니 所謂十干者는 甲乙丙丁戊己庚辛壬癸也라

天之十干이 與地之十二支로 相合而爲六十甲子하니 所謂六十甲子者는 甲子乙丑丙寅丁卯至壬戌癸亥是也니라

十有二月者는 自正月二月로 至十二月也라 一歲之中에 亦有四時하니 四時者는 春夏秋冬이 是也라

正月二月三月은 屬之於春하고 四月五月六月은 屬之於夏하고 七月八月九月은 屬之於秋하고 十月十一月十二月은 屬之於冬하나니 晝長夜短而天地之氣ㅣ大暑則爲夏하고 夜長晝短而天地之氣ㅣ大寒則爲冬하고 春秋則

晝夜長短이 平均而春氣는 微溫하고 秋氣는 微涼하니라

春三月이 盡則爲夏하고 夏三月이 盡則爲秋하고 秋三月이 盡則爲冬하고 冬三月이 盡則復爲春하나니 四時-相代而歲功이 成焉이니라

春則萬物이 始生하고 夏則萬物이 長養하고 秋則萬物이 成熟하고 冬則萬物이 閉藏하나니 然則萬物之所以生長收藏이 無非四時之功也니라

● 地篇

地之高處-便爲山이요 地之低處-便爲水니 水之小者를 謂川이요 水之大者를 謂江이요 山之卑者를 謂丘요 山之峻者를 謂岡이라

天下之山이 莫大於五岳하니 五岳者는 泰山嵩山衡山恒山華山이요 天下之水-莫大於四海하니 四海者는 東海西海南海北海也라

山海之氣-上與天氣로 相交則興雲霧하며 降雨雪하며 爲霜露하며 生風雷니라

暑氣-蒸鬱則油然而作雲하여 沛然而下雨하고 寒氣-陰凝則露結而爲霜하고 雨凝而成雪故로 春夏에 多雨露하고 秋冬에 多霜雪하나 變化莫測者는 風雷也니라

古之聖王이 畫野分地하여 建邦設都하시니 四海之內에 其國이 有萬而一國之中에 各置州郡焉하고 州郡之中에 各分鄕井焉이라 爲城郭하여 以禦冦하고 爲宮室하여 以處人하고 爲未耜하여 敎民耕稼하며 爲釜甑하여 敎民火食하고 作舟車하여 以通道路하시니라

金木水火土-在天에 爲五星이요 在地에 爲五行이니 金은 以爲器하고 木은 以爲宮하고 穀生於土하여 取水火爲飮食則凡人日用之物이 無非五行之物也니라

五行이 固有相生之道하니 水生木하고 木生火하고 火生土하고 土生金하고 金이 復生水하니 五行之相生也-無窮而人用이 不可焉이니라

(라) 이 五行이 亦有相克之理하니 水克火하고 火克金하고 金克木하고 木克土하고 土克水하야 乃操其相克之權하여 能用其相生之物者는 是人之功也니라

○物篇

天地生物之數ㅣ 有萬其衆而若言其動植之物則草木禽獸蟲魚之屬이 最其較著者也니라

飛者ㅣ 爲禽이요 走者ㅣ 爲獸요 鱗介者ㅣ 爲蟲魚요 根植者ㅣ 爲草木이라

飛禽은 卵翼이요 走獸는 胎乳하며 飛禽은 巢居하고 走獸는 穴處하며 蟲魚之物은 化生者ㅣ 最多而亦多生於水濕之地니라

飛魚ㅣ 蒼翠요 其花ㅣ 五色이니 其根이 深者는 枝葉이 必茂하고 其葉이 有花者는 必有實이니라

春生而秋死者는 草也요 秋則葉脫而春復榮華者는 木也니라

虎豹犀象之屬은 在於山하고 牛馬鷄犬之物은 畜於家하나니 牛以耕墾하고 馬以乘載하고 犬以守夜하고 鷄以司晨하고 犀取其角하고 象取其牙요 虎豹는 取其皮라

山林에 多不畜之禽獸하고 川澤에 多無益之蟲魚故로 人以智取하야 或用其毛羽骨角하고 或供於祭祀賓客飮食之間이니라

走獸之中에 有麒麟焉하고 飛禽之中에 有鳳凰焉하고 蟲魚之中에 有靈龜焉하고 有飛龍焉하니 此四物者는 乃物之靈者也라 故로 或出於聖王之世니라

稻粱黍稷은 祭祀之所以供粢盛者也오 豆菽麰麥之穀은 亦無非養人命之物故로 百草之中에 穀植이 最重이오 犯霜雪而不凋하고 閱四時而長春者는 松栢也니 衆木之中에 松栢이 貴니라

梨栗柿棗之果ㅣ 味非不佳也되로 其香이 芬芳故로 果以橘

柚로爲珍호며蘿蔔蔓菁諸瓜之菜ㅣ種非多也로되其味辛烈
故로菜以芥薑로爲重이니라

水陸草木之花ㅣ可愛者ㅣ甚繁而陶淵明은愛菊호고周濂溪
는愛蓮호고富貴繁華之人은多愛牧丹호나니淵明은隱者故
로人以菊花로比之於隱者호고濂溪는君子故로人以蓮花로比
之於君子호고牧丹은花之繁華者故로人以牧丹로比之於繁
華富貴者ㅣ니라

物之不齊는乃物之情故로以尋丈尺寸로度物之長短호고以
斤兩錙銖로稱物之輕重호고以斗斛升石로量物之多寡나
算計萬物之數ㅣ莫便於九九니所謂九九者는九九八十一
之數也ㅣ니라

○人篇

萬物之中에惟人이最靈호나有父子之親호며有君臣之義호며有
夫婦之別호며有長幼之序호며有朋友之信이니라

生我者ㅣ爲父母요我之所生이爲子女요父之父ㅣ爲祖ㅣ요
子之子ㅣ爲孫이요與我同父母者ㅣ爲兄弟요父母之兄弟ㅣ
爲叔이요兄弟之子女ㅣ爲姪이요子之妻ㅣ爲婦요女之夫ㅣ爲
壻니라

有夫婦然後에有父子호나니夫婦者는人道之始也ㅣ라故로古之
聖人이制爲婚姻之禮호야以重其事호시니라

人非父母면無從而生이라且人生三歲然後에始免於父母之
懷故로欲盡其孝則服勤至死호며父母ㅣ沒則致喪三年호야以
報其生成之恩이니라

耕於野者는食君之土호고立於朝者는食君之祿이니人이固非
父母則不生이요亦非君則不食故로臣之事君이如子事父
호야唯義所在則舍命效忠이니라

人於等輩에尙不可相踰든況年高於我호고官貴於我호고道尊
於我者乎아故로在鄕黨則敬其齒호며在朝則欲其爵호며尊其
道而敬其德이是禮也ㅣ니라

曾子ㅣ 曰君子는 以文會友고 以友輔仁이니라

蓋人不能無過而朋友는 有責善之道故로 人之所以成就其德性者는 固莫大於師友之功이니 雖然이나 友有益友고 亦有損友니 取友를 不可不端也ㅣ니라

同受父母之餘氣여 以爲人者는 兄弟也ㅣ라 且人之方幼也에 食則連衽고 枕則同衾여 共被父母之恩者ㅣ 亦莫如我兄弟也ㅣ라 故로 愛其父母者는 亦必愛其兄弟니라

宗族이 雖有親疎遠近之分이나 然이나 推究其本則同是祖先之骨肉이니 苟於宗族에 不相友愛則是는 忘其本也ㅣ라 人而忘本면 家道ㅣ 漸替니라

父慈而子孝며 兄愛而弟敬며 夫和而妻順며 事君忠而接人恭며 與朋友信而撫宗族厚면 可謂成德君子ㅣ니라

凡人稟性이 初無不善이니 愛親敬兄며 忠君弟長之道ㅣ 皆具於吾心之中이니 固不可求之於外面而惟在我力行而不已也ㅣ니라

人非學問이면 固難知其何者ㅣ 爲孝며 何者ㅣ 爲忠이며 何者ㅣ 爲弟며 何者ㅣ 爲信故로 必須讀書窮理여 求觀於古人며 驗於吾心여 得其一善여 勉行之則孝弟忠信之節이 自無不合於天叙之則矣니라

所謂九容者는 足容重며 手容恭며 目容端며 口容止며 聲容靜며 頭容直며 氣容肅며 立容德며 色容莊이라

進學益智는 莫切於九思니 所謂九思者는 視思明며 聽思聰며 色思溫며 貌思恭며 言思忠며 事思敬며 疑思問며 念思難며 見得思義니라

明文啓蒙篇 終

明文童蒙先習

松亭 金赫濟 校註

天地之間萬物之衆에 惟人이 最貴하니 所貴乎人者는 以其有五倫也라

(意)하늘과 땅 사이의 만물의 무리 가운데 오직 사람이 가장 귀하니 사람을 귀히 여기는 바는 그 다섯가지 인륜이 있기 때문이니라.

是故로 孟子ㅣ 曰父子有親이며 君臣有義며 夫婦有別이며 長幼有序며 朋友有信이시니라 人而不知有五常則其違禽獸ㅣ 不遠矣라

(意)이런 까닭으로 맹자께서 말씀하시기를 아버지와 자식에는 친함이 있으며 임금과 신하에는 의리가 있으며 남편과 아내에는 분별함이 있으며 어른과 어린이에는 차례가 있으며 친구와 친구에는 믿음이 있다 하시니 사람이 다섯가지 떳떳함이 있음을 알지 못하면 그 날짐승과 길짐승에 다름이 멀지 않으리라.

● 父子有親 (意) 아버지와 자식에는 친합이 있느니라.

父子는 天性之親이라 生而育之하고 愛而敎之하며 奉而承之하고 孝而養之하나니 是故로 敎之以義方하여 弗納於邪하며 柔聲以諫하여 不使得罪於鄕黨州閭하나니

(意)아버지와 자식은 천성으로 친한지라 낳아서 기르고 사랑하여 가르치며 받들어서 잇고 효도로 봉양하나니 이런고로 옳은 방법으로써 가르쳐서 간사한 데에 들지 않게 하며 부드러운 소리로 간하여 향당주려에 죄를 얻지 않게 하나니라.

然則父慈子孝며 君義臣忠하며 夫和婦順하며 兄友弟恭하며 朋友輔仁然後사 方可謂之人矣라

(意)그러한즉 아비는 사랑하고 자식은 효도하며 임금은 의로 하고 신하는 충성으로 하며 남편은 화하고 아내는 순하며 형은 우애하고 아우는 공손으로 하며 친구는 어짐으로 도우 연후에야 가히 사람이라 이르리라.

苟或父而不子其子하며 子而不父其父면 其何以立於世乎ㅣ리오 雖然이나 天下에 無不是底父母라 父雖不慈나 子不可以不孝니

(意)진실로 혹 아비가 그 자식을 자식으로 아니하며 자식이 그 아비를 아비로 아니하면 그 어찌써 세상에 설지라 비록 그러하나 천하에 옳지 못한 부모가 없는지라 아비가 비록 사랑을 아니할지라도 자식은 가히 써 효도를 아니 못할지니라.

昔者에 大舜이 父頑母罵되되 舜이 克諧以孝하사 烝烝乂하여 不格姦하시니 孝子之道ㅣ 於斯에 至矣니라 孔子ㅣ 曰五刑之屬이 三千이로되 而罪ㅣ 莫大於不孝라 하시니라

(意)옛적에 대순의 아비는 완악하고 어머니는 어리석어 다스리어 간악한데 이르지 않게 하시다 공자께서 말씀하시기를 오형의 붙이가 삼천이로되 죄가 효도하지 않음보다 큰 것이 없다 하시니라. ○五刑=묵(墨)·의(劓)·비(剕)·궁(宮)·대벽(大辟).

● 君臣有義 (意)임금과 신하에는 의리가 있느니라.

君臣은 天地之分이라 尊且貴焉하며 卑且賤焉이니 尊貴之使卑賤과 卑賤之事尊貴는 天地之常經이며 古今之通義라

(意)임금과 신하는 하늘과 땅의 분별이라 높고 또 귀하며 낮고 또 천한 이거 높고 귀한이가 낮고 천한 이를 부림과 낮고 천한 이가 높고 귀한 이를 섬김은 천지의 떳떳한 법이며 고금의 통한 의리니라.

是故로 君者는 體元而發號施令者也요 臣者는 調元而陳善閉邪者也라 會遇之際에 各盡其道하여 同寅協恭하여 以臻至治하나니라

(意)이런 까닭으로 임금 된 자는 원을 몸받아 명령을 베푸는 것이요 신하 된 자는 원을 공경하여 조화하며 선을 베풀고 간사함을 막는 것이니 만남의 즈음에 각각 그 도리를 다하여 한가지로 공경하여 지극한 다스림에 이르게 하나니라.

苟或君而不能盡君道하며 臣而不能修臣職이면 不可與共治天下國家也니라 雖然이나 吾君不能을 謂之賊이니 昔者에 商紂ㅣ 暴虐이늘 比干이 諫而死하니 忠臣之節이 於斯에 盡矣니라 孔子ㅣ 曰臣事君以忠이시니라

(意)진실로 혹 임금이 능히 임금의 도리를 다하지 못하며 신하가 능히 신하의 직분을 닦지 못하면 가히 더불어 한가지로 천하와 나라를 다스리는 데 이르지 못할 것이니라 비록 그러하나 내 임금이 능치 못하다는 것을 도적이라 이르나니 옛적에 상나라 주가 포학하거늘 비간이 간하다 죽으니 충신의 절개가 이에 다하였느니라. 공자 가라사대 신하는 임금 섬기기를 충성으로써 한다 하시니라.

● 夫婦有別 (意) 남편과 아내에는 분별이 있느니라.

夫婦는 二姓之合이라 生民之始며 萬福之原이니 行媒議婚하며 納幣親迎者는 厚其別也라 是故로 娶妻하되 不娶同姓하며 爲宮室하되 辨內外하야 男子는 居外而不言內하고 婦人은 居內而不言外하나니 苟能莊以涖之하며 以體乾健之道와 柔以承坤順之義則家道ㅣ正矣어니와

(意)남존여비의 근본이니 두 성의 합함이라 백성의 처음이며 만가지 복의 근원이니 중매를 행하야 혼인을 의논하며 납폐로써 맞으믄 그 분별을 두터이 함이라 이런 바닭에 안과 밖이 가지 안할 백성 강가에 임하야 부인은 안에 있어 밖을 말하지 아니하고 부인은 안에 있어 밖을 말하지 아니하나니 진실로 능히 씩씩함으로써 임하며 써 하늘의 굳센 도를 몸받고 순함으로써 이으면 가도가 바르게 되리라

反是而夫不能專制하야 御之不以其道하고 婦乘其夫하야 事之不以其義하여 昧三從之道하고 有七去之惡則家道ㅣ索矣리니 須是夫敬其身하야 以帥其婦하고 婦敬其身하야 以承其夫하여 內外和順이라야 父母其安樂之矣리라

(意)이에 반하여 남편이 능히 제가 못하여 거느리기를 그 도리로써 아니하고 아내가 그 남편을 타고 섬기기를 그 의로써 아니하여 삼종의 도를 아지 못하고 일곱가지 버리는 악이 있으면 집안 도리가 없어지리니 모름즈기 남편이 그 몸을 공경하여서 써 그 아내를 거느리고 아내 그 몸을 공경하여서 써 그 남편을 받들어서 내외가 화순하여야 부모가 그 편안하고 즐거워 하시리라

昔者에 郤缺이 耨어늘 其妻ㅣ饁호되 敬하여 相待如賓하니 夫婦之道ㅣ當如是也니라 子思ㅣ曰君子之道ㅣ造端乎夫婦라하니라

(意)옛적에 극결이 김을 매거늘 그 아내 점심을 먹이되 공경하여 서로 대접함을 손같이 하니 부부의 도리는 당연히 이렇게 할지니라

○長幼有序 (意)어른과 어린이에는 차례가 있느니라.

長幼는 天倫之序라 兄之所以爲兄과 弟之所以爲弟는 長幼之所自出也라 蓋宗族鄕黨에 皆有長幼니 不可紊也라 故로 徐行後長者를 謂之弟요 疾行先長者를 謂之不弟니 是故로 年長以倍則父事之하고 十年以長則兄事之하고 五年以長則肩

(意)장유는 천륜의 차례라 형으로써 형되는 바와 아우로써 아우되는 바는 장유의 좇아 나오는 바라 대개 종족과 향당에 다 장유가 있으니 가히 문란치 못할 것이니라 이런고로 천천히 형의 뒤에 행하는 사람은 이를 아우라 이르고 빨리 행하여 형의 앞에 가는 사람은 이를 공순치 못한 사람이라 이르나니 이런고로 나이 길어서 갑절이 되거든 아버지로 섬기고 열살이 길거든 형으로 섬기고 다섯살이 길거든 억게를

隨之니 長慈幼하며 幼敬長然後에 無侮少凌長之弊而人道ㅣ正矣리라

(意)하물며 형과 아우는 동기라 뼈와 살을 같이한 지극히 친한 사람이니 더욱 마땅히 우애할 것이니라 옛적의 사마광이 그 형 백강으로 더불어 우애함이 심히 돈독하여 그 공경하기를 엄한 아버지 같이 하며 그 보호함을 어린 아이같이 하니라 맹자 가라사대 어린 아이가 그 어버이를 사랑할 줄을 알지 못함이 없으며 그 장성함에 미처 그 형을 공경할 줄을 알지 못함이 없다 하시니라

而況兄弟는 同氣之人이라 骨肉至親이니 尤當友愛요 不可藏怒宿怨하여 以敗天常也니라 昔者에 司馬光이 與其兄伯康으로 友愛 尤篤하여 敬之如嚴父하고 保之如嬰兒하니라 孟子ㅣ曰 孩提之童이 無不知愛其親하며 及其長也에 無不知敬其兄也니라

○朋友有信 (意)친구와 친구에는 믿음이 있느니라.

朋友는 同類之人이라 益者ㅣ三友요 損者ㅣ三友니 友直하며 友諒하며 友多聞이면 益矣요 友便辟하며 友善柔하며 友便佞이면 損矣리라 友也者는 友其德也라 自天子로 至於庶人이 未有不須友以成者하니 其分이 若疎而其所關은 爲至親이라 是故로 取友를 必勝己니 要當責善以信하며 切切偲偲하여 忠告

而善道之나 不可則止니라

(意)친구는 같은 유의 사람이라 유익한 친구가 세가지가 있고 손해되는 친구가 세가지가 있으니 친구가 정직하며 친구가 신의가 있으며 친구가 많이 들으면 유익하고 친구가 편벽되며 친구가 유순한데만 잘하며 친구가 말만 잘하면 손해되리라 친구라 하는 자는 그 덕을 벗함이라 천자로부터 써 서인에까지 이르기까지 친구를 쓰지 아니하고 일운자이 있지 아니하니 그 분수는 친한 것 같으나 그 관계한 바는 지극히 친하니라 이런고로 친구를 취하되 반드시 저보다 나은 이로 할지니 요컨대 마땅히 선으로써 권하여 신으로써 하며 간절하고 자상히 하여 충고

諫而不逆하고 三諫而不聽이어든 則號泣而隨之하며 怒而撻之
流血이라도 不敢疾怨하며 居則致其敬하고 養則致其樂하고 病則致
其憂하고 喪則致其哀하고 祭則致其嚴이니라

若夫人子之不孝也는 不愛其親이요 而愛他人이며 不敬其親이요
而敬他人하며 惰其四肢하여 不顧父母之養하며 博奕好飮酒하여 不
顧父母之養하며 好貨財하며 私妻子하여 不顧父母之養하며 從耳目
之好하여 以爲父母戮하며 好勇鬪狠하여 以危父母니라

○總論은 천체에 공통되는 논이라.

此五品者는 天叙之典而人理之所固有者라 人之行이 不外
乎五者而惟孝一爲百行之源이라 是以로 孝子之事親也는 難
初鳴이어든 咸盥漱하고 適父母之所하여 下氣怡聲하여 問衣襖寒하며
問何食飮하며 冬溫而夏凊하며 昏定而晨省하며 出必告하며 反必面
하며 不遠遊하며 遊必有方하며 不敢有其身하며 不敢私其財니라
噫라 欲觀其人의 行之善不善인댄 必先觀其人之孝不孝也니 夫
不愼哉아 可不懼哉아 苟能孝於其親則推之於君臣也와 夫
婦也와 長幼也와 朋友也에 何往而不可哉오리 然則孝之於人
에 大矣而亦非高遠難行之事也라 學問之道는 無他라 將欲通古今
達事理하여
學問而知之니 學問之道는 無他라 將欲通古今達事理하여 資
存之於心하며 體之於身이니 可不勉其學問哉아 兹用撮其
歷代要義하여 書之于左하노라

父母ㅣ愛之어시든 喜而不忘하며 惡之어시든 懼而無怨하며 有過

니니라, 그러나 알지니 스스로 학문의 도에는 사람이 다른 것이 없는지라 반드시 장차

蓋自太極肇判여 陰陽始分로 五行이 相生에 先有理氣라 人物之生이 林林總總더니 於是에 聖人이 首出샤 繼天立極시 니 天皇氏와 地皇氏와 人皇氏와 有巢氏와 燧人氏ㅣ 是爲太古라

伏羲氏ㅣ 始畫八卦하시며 造書契하야 以代結繩之政고 神農氏ㅣ 作耒耟하며 制醫藥고 黃帝氏ㅣ 用干戈하며 造舟車하며 造曆算며 制音律니 是爲三皇이라

少昊와 顓頊과 帝嚳과 帝堯와 帝舜이 是爲五帝라 皐夔稷契이 佐堯舜而堯舜之治ㅣ 卓冠百王이라 孔子ㅣ 定書에 斷自唐虞하니라

夏禹와 商湯과 周文王武王이 是爲三王이니 歷年이 或六百며 或八百이니 三代之隆을 後世莫及而商之伊尹傅說과 周之周公召公이 皆賢臣也라 周公이 制禮作樂니 典章法度가 粲然極備니라 及其衰也하야 五覇ㅣ 摟諸侯여 以匡王室라

孔子ㅣ 以天縱之聖으로 轍環天下샤 道不得行于世어 刪詩書며 定禮樂며 贊周易며 修春秋샤 繼往聖開來學시고 而傳其道者는 顔子曾子라 事在論語라니 曾子之門人이 述大學라하니

列國則干戈ㅣ 日尋여 戰爭不息이러시 遂爲戰國니 秦楚燕齊韓魏趙ㅣ 是爲七雄이라 孔子之孫子思ㅣ 生斯時샤 作中庸고 其門人之弟孟軻ㅣ 陳王道於齊梁되 道又不行하야 作孟子七篇而異端縱橫功利之說이 盛行이라 吾道는 不傳라하니

及秦始皇여 吞二周滅六國며 廢封建爲郡縣며 焚詩書坑儒生니라 二世而亡라니 漢高祖ㅣ 起布衣成帝業여 歷年四百이 되하 在明帝時여 西域佛法이 始通中國라하니라

蜀과 吳와 魏—三國이 鼎峙而諸葛亮이 仗義扶漢하다 病卒軍中하니 晉有天下에 歷年百餘되야 宋齊梁陳에 南北分裂이러니 隋能混一하야 歷年三十하니라

唐高祖와 太宗이 乘隋室亂하야 化家爲國하야 歷年三百이라하니 五季는 朝得暮失야하 大亂이 極矣라하니라

宋太祖—立國之初에 五星이 聚奎하야 濂洛關閩의 諸賢이 輩出하니 若周惇頥와 程顥와 司馬光과 張載와 邵雍과 朱熹—相繼而起하야 以闡明斯道로爲己任되하 身且不得見容而朱子集諸家說하야 註四書五經하시 其有功於學者—大矣나 然而國勢—不競하여 歷年三百이라하니라

契丹과 蒙古와 遼와 金이 迭爲侵軼而及其垂亡야하 文天祥이 竭忠報宋하다 竟死燕獄하니라

東方에 初無君長이니라 有人이 生于太白山檀木下하여 神靈明

智늘어 國人이 立以爲君니하 與堯로 竝立하여 國號를 朝鮮이라이니 是爲檀君이라이 殷太師箕子—率衆東來하사 敎氏禮儀하여 設八條之敎하시 有仁賢之化러라

箕準이 避衛滿하여 浮海以南하여 居金馬郡하니 是爲馬韓이오 泰人이 避入韓地하여 不知其始祖年代라하니 是爲三韓이라

燕人衛滿이 因盧綰亂하야 亡命來하여 誘逐箕準하고 據王儉城하니

朱蒙은 至卒本하야 自稱高辛氏之後여라 하 因姓高라하고 高句麗始祖여라

新羅始祖赫居世는 都辰韓地여하 以朴로爲姓고하 高句麗始祖

溫祚는 都河南慰禮城하여 以扶餘로 爲氏여하 三國이 各保一隅하야 互相侵伐니하

新羅之末에 弓裔—叛于北京하여 國號를 泰封하이고 甄萱이 叛據完山하여 自稱後百濟라하고 新羅—亡하니 朴昔金三姓이 相傳하여 歷年이 九百九十二年이라

泰封諸將이 立麗祖여하 爲王고 國號를 高麗라여하 歷年이 四百
七十五年이라

(意) 태봉의 모든 장수들이 조를 여위하야 해를 지남이 임금을 삼고 국호를 고려라하야 사백 칠십 오년이라.

李太祖는 代高麗爲王고하 國號를 朝鮮이라하여 歷年이 五百十九年이라

(意) 이태조는 고려를 대신하야 왕이 되시고 오백 십구년이라 국호를 조선이라하다.

檀紀四千二百八十一年五月十日에 大統領制大韓民國이 爲民主主義여하 始行總選民議員고하 特使制憲議員으로 制定憲法여하 宣布施行라하 年이

(意) 단기 사천이백 팔십일년에 오월십일에 대통령게 대한민국이 주의의로 사천하야 민의원을 선거하기를 비로소 행하시고 특히 제민 현을 의원으로 선포시행 하려니라.

大韓民國은 雖僻在海隅하여 壤地扁少나 人倫이 明於上고하 教化 - 行於下나 玆豈非檀祖와 箕子之遺化耶오리 嗟爾小子는 宜其觀感而興起여하 必讀此書라하

(意) 대한민국은 비록 궁벽하여 바다 어귀에 있어 땅이 좁고 인류가 위에 밝고 교화가 아래에 행하니 단군 할아버지 그 보아 스리 남기신 교화가 아니리오? 슬프다! 너의 소자는 반드시 감동하며 일어나서 이 글을 읽을지니라.

明文童蒙先習 終

잘못 읽기 쉬운 漢字

<新聞・雜紙・기타>

간주—看做	동경—憧憬	사주—使嗾	온건—穩健	질투—嫉妬
개전—改悛	동량—棟樑	사치—奢侈	와전—訛傳	차질—蹉跌
거개—擧皆	두찬—杜撰	삼매—三昧	완고—頑固	천명—闡明
교란—攪亂	만가—輓歌	상서—祥瑞	완상—玩賞	천식—喘息
교사—教唆	만강—滿腔	상투—常套	외설—猥褻	초빙—招聘
궤도—軌道	맥도—驀倒	서거—逝去	요산—樂山	추고—推敲
규명—糾明	매진—邁進	서망—羨望	요절—夭折	추첨—抽籤
균열—龜裂	모독—冒瀆	세척—洗滌	운율—韻律	취약—脆弱
금지—矜持	모란—牡丹	소급—溯及	유세—遊說	탄로—綻露
기호—嗜好	모순—矛盾	쇄도—殺到	유창—流暢	탐닉—耽溺
	몽매—蒙昧	수집—蒐集	외곡—歪曲	의연금—
나포—拿捕	묘연—杳然	수치—羞恥		義捐金
낙인—烙印	무고—無辜	시기—猜忌		패륜—悖倫
난삽—難澁	무인—拇印	아첨—阿諂	이사—移徙	편달—鞭撻
날인—捺印		안도—安堵	익명—匿名	포기—抛棄
날조—捏造	박탈—剝奪	알력—軋轢		폭주—輻輳
납치—拉致	반추—反芻	알선—斡旋	저주—詛呪	
납폐—蠟幣	반포—頒布	야기—惹起	한발—旱魃
	뇌물—賂物	반포—頒布	정립—鼎立	학학—謔謔
	누름—漏泄	발설—漏說	향연—饗宴
	능가—凌駕	방조—幇助	어휘—語彙	현란—絢爛
			여명—黎明	형극—荊棘
답습—踏襲		병참—兵站	염세—厭世	형설—螢雪
답지—遝至		보조—補助	종용—慫慂
당착—撞着	부연—敷衍	예지—叡智	좌절—挫折
당야—陶冶	부유—蜉蝣	오만—傲慢	주효—酒肴	회뢰—賄賂
등사—謄寫	비등—沸騰	오열—嗚咽	진지—眞摯	훼손—毀損
독지—篤志	빙자—憑藉		질곡—桎梏	휘하—麾下
독필—禿筆		사소—些少		일난—詰難

正・俗字 (略字)

(正字)(俗字)	(正字)(俗字)	(正字)(俗字)	(正字)(俗字)
[가] 假…仮	[령] 靈…灵	[실] 實…実	[착] 著…着
價…価	[례] 禮…礼	[아] 亞…亜	[찬] 贊…賛
[거] 據…拠	[로] 勞…労	兒…児	[책] 冊…冊
擧…挙	爐…炉	[악] 惡…悪	處…処
[경] 徑…径	[뢰] 賴…頼	[암] 巖…岩	[철] 鐵…鉄
經…経	[룡] 龍…竜	[압] 壓…圧	[청] 靑…青
輕…軽	[루] 樓…楼	[여] 與…与	廳…庁
繼…継	[만] 蠻…蛮	譯…訳	[체] 體…体
[계] 館…館	萬…万	[염] 鹽…塩	[초] 艸…艹
[관] 關…関	[매] 賣…売	[영] 榮…栄	觸…触
觀…観	麥…麦	[예] 藝…芸	[충] 蟲…虫
[광] 廣…広	[맥] 脈…脉	[예] 豫…予	衝…冲
[구] 區…区	[발] 發…発	[위] 圍…囲	[취] 醉…酔
舊…旧	[배] 拜…拝	應…応	齒…歯
龜…亀	[변] 變…変	[의] 醫…医	[치] 恥…恥
驅…駆	辯…弁	[이] 貳…弐	[칭] 稱…称
[국] 國…国	邊…辺	壹…壱	[택] 擇…択
[기] 氣…気	[병] 竝…並	[일] 壹…壱	澤…沢
[단] 團…団	[보] 寶…宝	[잔] 殘…残	[폐] 廢…廃
斷…断	[불] 拂…払	[잠] 蠶…蚕	豐…豊
[담] 擔…担	佛…仏	[장] 莊…荘	[학] 學…学
[당] 當…当	[사] 寫…写	戰…戦	[해] 解…解
黨…党	辭…辞	轉…転	虛…虚
[대] 對…対	[쌍] 雙…双	[점] 點…点	[헌] 獻…献
臺…台	[서] 敍…叙	[제] 齊…斉	[호] 號…号
[도] 圖…図	[석] 釋…釈	濟…済	[화] 畵…画
獨…独	聲…声	[조] 弔…弔	擴…拡
[독] 讀…読	[속] 屬…属	[종] 從…従	[환] 歡…歓
[란] 亂…乱	續…続	[주] 畫…昼	會…会
[람] 覽…覧	[수] 收…収	[즉] 卽…即	[획] 劃…画
[래] 來…来	壽…寿	[증] 證…証	[후] 後…后
[량] 兩…両	數…数	[진] 眞…真	[효] 效…効
勵…励	肅…粛		
[련] 戀…恋	[습] 濕…湿		

明心寶鑑

繼善 篇

松亭 金 赫 濟 校註

子ㅣ曰爲善者는 天報之以福하고 爲不善者는 天報之以禍니라

漢昭烈이 將終에 勅後主曰 勿以惡小而爲之하고 勿以善小而不爲하라

莊子ㅣ曰 一日不念善이면 諸惡이 自皆起니라

太公이 曰 見善如渴하고 聞惡如聾하라 又曰 善事란 須貪하고 惡事란 莫樂하라

馬援이 曰 終身行善이라도 善猶不足이오 一日行惡이라도 惡自有餘니라

司馬溫公이 曰 積金以遺子孫이라도 未必子孫이 能盡守요 積書以遺子孫이라도 未必子孫이 能盡讀이니 不如積陰德於冥冥之中하여 以爲子孫之計也니라

景行錄에 曰 恩義를 廣施하라 人生何處들 不相逢이랴 讐怨을 莫結하라 路逢狹處면 難回避니라

莊子ㅣ曰 於我善者도 我亦善之하고 於我惡者도 我亦善之니 我旣於人에 無惡이면 人能於我에 無惡哉인저

東岳聖帝垂訓에 曰 一日行善이면 福雖未至나 禍自遠矣오 一日行惡이면 禍雖未至나 福自遠矣라 行善之人은 如春園之草하야 不見其增이나 日有所增하고 行惡之人은 如磨刀之石하야 不見其損이나 日有所虧니라

子ㅣ曰 見善如不及하며 見不善如探湯하라

天命篇

子—曰 順天者는 存하고 逆天者는 亡이니라.

康節邵先生이 曰 天聽이 寂無音이라 蒼蒼何處尋고 非高亦非遠이라 都只在人心이니라.

玄帝垂訓에 曰 人間私語라도 天聽은 若雷고 暗室欺心이라도 神目은 如電이니라.

益智書에 云 惡鑵이 若滿이면 天必誅之니라.

莊子—曰 若人이 作不善하여 得顯名者는 人雖不害나 天必誅之니라.

種瓜得瓜요 種豆得豆니 天網이 恢恢하여 疎而不漏니라.

子—曰 獲罪於天이면 無所禱也니라.

順命篇

子夏—曰 死生이 有命이요 富貴在天이라.

萬事分已定이늘 浮生이 空自忙이니라.

景行錄에 云 禍不可以倖免이요 福不可再求니라.

時來風送滕王閣이요 運退雷轟薦福碑라.

列子—曰 痴聾痼痙도 家豪富요 智慧聰明도 却受貧이라 年月日時—該載定이면 算來由命不由人이니라.

孝行篇

詩曰 父兮生我하시고 母兮鞠我하시니 哀哀父母여 生我劬勞샷다 欲報深恩인댄 昊天罔極이로다.

子—曰 孝子之事親也에 居則致其敬하고 養則致其樂하고 病則

致其憂하고 喪則致其哀하고 祭則致其嚴이라

子曰父母ㅣ在어시든 不遠遊하며 遊必有方이니라

子曰父ㅣ命召어시든 唯而不諾하고 食在口則吐之니라

太公이 曰孝於親이면 子亦孝之하나니 身旣不孝면 子何孝焉이리오

孝順은 還生孝順子요 忤逆은 還生忤逆子하나니 不信커든 但看簷頭水하라 點點滴滴不差移니라

正己篇

性理書에 云見人之善이어든 而尋己之善하고 見人之惡이어든 而尋己之惡이니 如此야아 方是有益이니라

景行錄에 云大丈夫는 當容人이언정 無爲人所容이니라

太公이 曰勿以貴己而賤人하며 勿以自大而蔑小하며 勿以恃勇而輕敵이니라

馬援이 曰聞人之過失이어든 如聞父母之名하여 耳可得聞이언정 口不可言也니라

康節邵先生이 曰聞人之謗이라도 未嘗怒하며 聞人之譽라도 未嘗喜하며 聞人之惡이라도 未嘗和하며 聞人之善이면 則就而和之하고 又從而喜之라 其詩에 曰樂見善人하며 樂聞善事하며 樂道善言하며 樂行善意하며 聞人之惡이어든 如負芒刺하고 聞人之善이면 如佩蘭蕙라

道吾惡者는 是吾師요 道吾善者는 是吾賊이니라

太公이 曰勤爲無價之寶요 愼是護身之符니라

景行錄에 曰保生者는 寡慾하고 保身者는 避名이니라 無慾은 難하나 無名은 易니라

子曰君子ㅣ有三戒하니 少之時엔 血氣未定이라 戒之在色하고 及其壯也하여는 血氣方剛이라 戒之在鬪하고 及其老也하여는 血氣旣衰라 戒之在得이니라

孫眞人養生銘에 云怒甚偏傷氣요 思多太損神이라 神疲心易

役이 氣弱病相因이라 勿使悲歡極하고 當令飮食均하며 再三防夜醉하고 第一戒晨嗔하라

景行錄에 曰食淡精神爽이오 心淸夢寐安이니라

近思錄에 云懲忿을 如救火하고 窒慾을 如防水하라

定心應物하면 雖不讀書라도 可以爲有德君子니라

夷堅志에 云避色을 如避讐하고 避風을 如避箭하며 莫喫空心茶하고 少食中夜飯하라

荀子ㅣ 曰無用之辯과 不急之察을 棄而勿治하라

子ㅣ 曰衆이 惡之라도 必察焉하며 衆이 好之라도 必察焉이니라

酒中不語는 眞君子요 財上分明은 大丈夫니라

萬事에 從寬이면 其福이 自厚니라

太公이 曰欲量他人이어든 先須自量하라 傷人之語면 還是自傷이니

含血噴人이면 先汚其口니라

凡戲는 無益이오 惟勤이 有功이니라

太公이 曰瓜田에 勿踰履하고 李下에 不整冠이라

景行錄에 曰心可逸이언정 形不可不勞요 道可樂이언정 身不可不憂니 形不勞면 則怠惰易弊하고 身不憂면 則荒淫不定이라 故로 逸生於勞而常休하고 樂生於憂而無厭이니 逸樂者는 憂勞를 其可忘乎아

耳不聞人之非하고 目不視人之短하고 口不言人之過야라 庶幾君子니라

蔡伯喈ㅣ 曰喜怒는 在心하고 言出於口하나니 不可不愼也니라

宰予ㅣ 晝寢이어늘 子ㅣ 曰朽木은 不可雕也요 糞土之墻은 不可圬也니라

紫虛元君誠諭心文에 曰福生於淸儉하고 德生於卑退하고 道生於安靜하고 命生於和暢하고 患生於多慾하고 禍生於多貪하고 過生於輕慢하고 罪生於不仁이라 戒眼莫看他非하고 戒口莫談他短하고 戒心莫自貪嗔하고 戒身莫隨惡伴하고 無益之言을 莫妄說하고 不干己事를 莫妄爲하라 尊君王孝父母하고 敬尊長奉有德하고 別賢愚恕無識하라 物順來而勿拒하고 物旣去而勿追하며 身未遇而勿望하고 事已過而勿思하라 聰明도 多暗昧요 算計도 失便宜니라 損人終自失이요 依勢禍相隨라 戒之在心하고 守之在氣라 爲不節하야 亡家하고 因不廉而失位니라 勸君自警於平生하노니 可歎可驚而可畏니라 上臨之以天鑑하고 下察之以地祇라 明有王法相繼하고 暗有鬼神相隨라 惟正可守요 心不可欺니 戒之戒之하라

安分篇

景行錄에 云知足可樂이오 務貪則憂니라

知足者는 貧賤도 亦樂이오 不知足者는 富貴도 亦憂니라

濫想은 徒傷神이오 妄動은 反致禍니라

知足常足이면 終身不辱하고 知止常止하면 終身無恥니라

書에 曰滿招損하고 謙受益이라하니라

擊壤詩에 云安分身無辱이오 知機心自閑이라 雖居人世上이라 却是出人間이니라

存心篇

景行錄에 云坐密室을 如通衢하고 馭寸心을 如六馬면 可免過니라

擊壤詩에 云富貴를 如將智力求면 仲尼도 年少合封侯라 世人은 不解靑天意하고 空使身心半夜愁니라

○擊壤詩－이천격양집(伊川擊壤集)이십(二十)권(卷)으로시(詩)임。소옹(邵雍)은송(宋)의소옹(邵雍)의지음。

范忠宣公이 戒子弟曰人雖至愚나 責人則明하고 雖有聰明이라도 恕己則昏이니 爾曹는 但常以責人之心으로責己하고 恕己之心으로 恕人이면 則不患不到聖賢地位也니라

○范忠宣公－범순인(范純仁)。북송(北宋) 철종(哲宗) 때의 명신(名臣)인 범중엄(范仲淹)의 둘째 아들로 인종(仁宗)때의 재상(宰相). 자는 요부(堯夫)

子一曰聰明思睿라도 守之以愚하고 功被天下라도 守之以讓하고 勇力振世라도 守之以怯하고 富有四海라도 守之以謙이니라

素書에 云薄施厚望者는 不報요 貴而忘賤者는 不久니라

○素書－책이름。한(漢)나라의 황석공(黃石公)이 장량(張良)에게 전하였다는 책인데 송(宋)나라 장상영(張商英)이 주(註)를 내었다。

施恩이어든 勿求報하고 與人이어든 勿追悔하라

孫思邈이 曰膽欲大而心欲小하고 智欲圓而行欲方이라

○孫思邈－당(唐)나라 사람。명의(名醫)

念念要如臨敵日하고 心心常似過橋時니라

懼法朝朝樂이오 欺公日日憂니라

朱文公이 曰守口如瓶하고 防意如城하라

○朱文公－주문공이 말함을 지키는것은 입을 막기는 것 같이 하고 뜻을 지키는것은 성을 지키는 것같이 하라。

○朱文公－주자(朱子)。이름은 희(熹)。남송(南宋) 휘주(徽州) 무원(婺源) 사람。자는 원회(元晦) 중회(仲晦) 호는 회암(晦菴) 회옹(晦翁) 운곡노인(雲谷老人) 둔옹(遯翁) 자양(紫陽) 등。송학(宋學)의 대성자(大成者)이며 주자학(朱子學)의 창시자(創始者)。송(宋) 영종(寧宗)의 경원(慶元) 六年 (二○○) 七十一세에 죽음。

心不負人이면 面無慙色이니라

人無百歲人이나 枉作千年計니라

寇萊公六悔銘에 云官行私曲失時悔오 富不儉用貧時悔오 藝不少學過時悔오 見事不學用時悔오 醉後狂言醒時悔오 安不將息病時悔니라

○寇萊公－구준(寇準)을 말함。송대(宋代)의 정치가。정치가。화주(華州)사람。자는 평중(平仲)

益智書에 云寧無事而家貧이언정 莫有事而家富요 寧無病而食麁飯이언정 不有

病而服良藥이니라

心安茅屋穩이오 性定菜羹香이니라

景行錄에 云貴人者는 不全交요 自恕者는 不改過니라

夙興夜寐하여 所思忠孝者는 人雖不知나 天必知之요 飽食煖衣하여 怡然自衛者는 身雖安이나 其如子孫에 何오

以愛妻子之心으로 事親則曲盡其孝요 以保富貴之心으로 奉君則無往不忠이오 以責人之心으로 責己則寡過요 以恕己之心으로 恕人則全交니라

爾謀不臧이면 悔之何及이며 爾見不長이면 敎之何益이리오 利心專則背道요 私意確則滅公이니라

生事事生이오 省事事省이라

戒性篇

景行錄에 云 人性이 如水하여 水一傾則不可復이오 性一縱則不可反이니 制水者는 必以堤防이오 制性者는 必以禮法이니라

忍一時之忿이면 免百日之憂니라

得忍且忍하고 得戒且戒하라 不忍不戒면 小事成大니라

愚濁生嗔怒는 皆因理不通이라 休添心上焰하고 只作耳邊風하라 長短은 家家有요 炎凉은 處處同이라 是非無相實하여 究竟摠成空이니라

子張이 欲行에 辭於夫子새할 願賜一言이 爲修身之美하나이다 子ㅣ 曰百行之本이 忍之爲上이니라 子張이 曰何爲忍之닛고 子ㅣ 曰天子ㅣ 忍之면 國無害고 諸侯ㅣ 忍之면 成其大고 官吏ㅣ 忍之면 進其位고 兄弟ㅣ 忍之면 家富貴고 夫妻ㅣ 忍之면 終其世고 朋友ㅣ 忍之면 名不廢고 自身이 忍之면 無禍害니라

子張이 曰不忍則如何닛고 子ㅣ 曰天子ㅣ 不忍이면 國空虛하고 諸侯ㅣ 不忍이면 喪其軀하고 官吏ㅣ 不忍이면 刑法誅하고 兄弟ㅣ 不忍이면 各分居하고 夫妻ㅣ 不忍이면 令子孤하고 朋友ㅣ 不忍이면 情意疎하고 自身이 不忍이면 患不除니라 子張이 曰善哉善哉라 難忍難忍이여 非人이면 不忍이오 不忍이면 非人이라

景行錄에 云屈己者는 能處重하고 好勝者는 必遇敵이니라

惡人이 罵善人커든 善人은 摠不對하라 不對는 心淸涼이오 罵者는 口熱沸이니 正如人唾天하야 還從己身墜니라

我若被人罵라도 佯聾不分說하라 譬如火燒空이라 不救自然滅이라

我心에 等虛空이어늘 摠爾翻脣舌이라

凡事에 留人情이면 後來에 好相見이니라

勤學篇

子ㅣ 曰博學而篤志하고 切問而近思면 仁在其中矣니라

莊子ㅣ 曰人之不學이면 如登天而無術하고 學而智遠이면 若披祥雲而覩靑天하며 登高山而望四海니라

禮記에 曰玉不琢이면 不成器하고 人不學이면 不知義니라

太公이 曰人生不學이면 如冥冥夜行이니라

韓文公이 曰人不通古今이면 馬牛而襟裾니라

朱文公이 曰家若貧이라도 不可因貧而廢學이오 家若富라도 不可恃富而怠學이니 貧若勤學이면 可以立身이오 富若勤學이면 名乃光榮이니 惟見學者顯達이오 不見學者無成이니라 學者는 乃身之寶요 學者는 乃世之珍이라 是故로 學則乃爲君子요 不學則爲小人이니 後之學者는 各宜勉之니라

徽宗皇帝ㅣ 曰學者는 如禾如稻하고 不學者는 如蒿如草兮여 如禾如稻兮여 國之精糧이오 世之大寶로다 如蒿如草兮여 耕者憎嫌하고 鋤者煩惱니라 他日面墻에 悔之己老로다

論語에 曰學如不及이오 猶恐失之니라

訓子篇

景行錄에 云賓客不來면 門戶俗하고 詩書無敎면 子孫愚니라

莊子ㅣ 曰事雖小나 不作이면 不成이오 子雖賢이나 不敎면 不明이니라

漢書에 云黃金滿籯이 不如敎子一經이오 賜子千金이 不如敎子一藝니라.

呂榮公이 曰內無賢父兄이며 外無嚴師友요 而能有成者ㅣ鮮矣니라.

太公이 曰男子失敎면 長必頑愚하고 女子失敎면 長必麤疎니라.

男年長大어든 莫習樂酒하고 女年長大어든 莫令遊走니라.

嚴父는 出孝子고 嚴母는 出巧女니라.

憐兒어든 多與棒하고 憎兒어든 多與食하라.

人皆愛珠玉이나 我愛子孫賢이니라.

省心篇 (上)

景行錄에 云寶貨는 用之有盡이되 忠孝는 享之無窮이니라.

家和貧也好어니와 不義富如何오 但存一子孝면 何用子孫多리오.

父不憂心因子孝요 夫無煩惱是妻賢이라 言多語失皆因酒요 義斷親疎只爲錢이라.

旣取非常樂이어든 須防不測憂니라.

得寵思辱하고 居安慮危니라.

榮輕辱淺이오 利重害深이니라.

甚愛必甚費요 甚譽必甚毁요 甚喜必甚憂요 甚贓必甚亡이니라.

子ㅣ曰不觀高崖면 何以知顚墜之患이며 不觀巨海면 何以知風波之患이오 不臨深淵이면 何以知

沒溺之患이며 不觀高山이면 何以知顚墜之患이리오.

欲知未來ㄴ댄 先察已往이니라.

子ㅣ曰明鏡은 所以察形이오 往古는 所以知今이니라.

過去事는 如明鏡이오 未來事는 暗似漆이니라.

景行錄에 云 明朝之事를 薄暮에 不可必이오 薄暮之事를 晡時에 不可必이니라.

天有不測風雲하고 人有朝夕禍福이니라.

未歸三尺土연 難保百年身이오 已歸三尺土연 難保百年墳이니라.

景行錄에 云 木有所養則根本固而枝葉茂하여 棟樑之材成하고 水有所養則泉源壯而流派長하여 灌漑之利—博하고 人有所養면 則志氣大而識見明하여 忠義之士—出하나니 可不養哉아.

自信者는 人亦信之하나니 吳越이 皆兄弟오 自疑者는 人亦疑之니 身外—皆敵國이니라.

疑人이든 莫用하고 用人이든 勿疑하라.

諷諫에 云 水底魚天邊雁은 高可射兮低可釣와어니 惟有人心咫尺間이라도 咫尺人心不可料니라.

畫虎畫皮難畫骨이오 知人知面不知心이니라.

對面共語호되 心隔千山이니라.

海枯終見底나 人死不知心이니라.

太公이 曰 凡人은 不可逆相이오 海水는 不可斗量이니라.

景行錄에 云 結怨於人은 謂之種禍오 捨善不爲는 謂之自賊이라.

若聽一面說이면 便見相離別이니라.

飽煖엔 思淫慾하고 飢寒엔 發道心이니라.

蘇武—曰 賢人이 多財면 則損其志고 愚人이 多財면 則益其過니라.

人貧智短이오 福至心靈이니라.

不經一事면 不長一智니라.

是非終日有라도 不聽이면 自然無라

(意) 시비하는 사람의 옳고 그름을 말하는 것이 아침부터 저녁까지 있을지라도 듣지 아니하면은 저절로 없어지느니라.

來說是非者-便是是非人이라

(意) 와서 남의 옳으니 그르니 그름을 말하는 자가 바로 시비하는 사람이니라.

擊壤詩에 云平生에 不作皺眉事면 世上에 應無切齒人이니 有名을 豈在鐫頑石가 路上에 行人口-勝碑라

(意) 격양시에 이르기를 평생에 눈썹을 찡그리는 일을 만들지 아니 하면은 세상에 반드시 원수같이 여길 사람이 없어지나니 이름을 어찌 새길 것인가 비석보다 나으니라.

有麝自然香이어늘 何必當風立고

(意) 사향이 있으면 저절로 향기가 나는데 어찌 부득이 바람 앞에 향기가 나겠는가.

有福莫享盡하라 福盡身貧窮이요 有勢莫使盡하라 勢盡冤相逢이라 福兮常自惜하고 勢兮常自恭하라 人生驕與侈는 有始多無終이니라

(意) 복이 있거든 다하지 말라 복이 다하면 몸이 가난하고 권세가 있거든 다하지 말라 권세가 다하면 원수가 서로 만나느니라 복은 스스로 아끼고 권세는 스스로 공손해야 할것이오 사람이 살아 있는데 교만한 것과 사치한 것은 처음은 많이 있고 나중에는 없느니라.

王參政四留銘에 曰留有餘不盡之巧여 以還造化고 留有餘不盡之祿여 以還朝廷고 留有餘不盡之財여 以還百姓고 留有餘不盡之福여 以還子孫이라

(意) 왕참정의 사류명에 말하기를 남은 것이 있고 다하지 아니한 재주를 남기어 써 조화에 돌리고 남은 것이 있고 다하지 아니한 녹을 남기어 써 조정에 돌리고 남은 것이 있고 다하지 아니한 재물을 남기어 써 백성에게 돌리고 남은 것이 있고 다하지 아니한 복을 남기어 써 자손에게 돌릴지니라.

黃金千兩이 未爲貴요 得人一語-勝千金이라

(意) 황금 천냥이 귀한 것이 아니오 사람의 좋은 말 한 마디를 얻는 것이 천금보다 나으니라.

能者는 拙之奴요 苦者는 樂之母라

(意) 재주있는 자는 옹졸한 자의 종이요 괴로움은 즐거움의 어머니니라.

小船은 不堪重載요 深逕은 不宜獨行이라

(意) 작은 배에는 무거운 물건을 싣으면은 견디기 어려우며 깊은 길은 혼자서 다니기에 좋지 못하니라.

黃金이 未是貴요 安樂이 値錢多니

(意) 황금이 귀한 것이 아니요 편안하고 즐거운 것이 돈이 많은 것이 되느니라.

在家에 不會邀賓客이면 出外에 方知少主人이라

(意) 집에 있어서 손님을 맞아 모실 줄을 알지 못하면 다른 집에 손님으로 가서 주인이 적은 줄을 비로소 알리라.

貧居鬧市無相識이오 富住深山有遠親이라

(意) 가난하게 살면은 번화한 시장에서 살아도 아는 사람이 없고 넉넉하게 살면은 깊은 산중에서 살아도 먼 곳에 있는 친구가 찾아 오느니라.

人義는 盡從貧處斷이오 世情은 便向有錢家라

(意) 사람의 의리는 가난한 데에서 끊어지는 뜻이오 세상의 인정은 오로지 돈이 많은 부자집으로 향하느니라.

人情은 皆爲窘中疎라

(意) 사람의 서로 사귀는 도리는 모두 군색한 가운데에서 생기게 되느니라.

寧塞無底缸이언정 難塞鼻下橫이라

(意) 차라리 밑 없는 항아리는 막을 수 있을지언정 코 아래 빗긴 입은 막기 어려우니라.

史記에 曰郊天禮廟엔 非酒不享이오 君臣朋友엔 非酒不義요 鬪爭相和엔 非酒不勸이라 故로 酒有成敗而不可泛飮之라

(意) 사기에 말하기를 하늘과 사당에 제사를 지냄에는 술이 아니면 제향하지 못할 것이요 임금과 신하와 친구는 술이 아니면 의리가 없는 것이요 싸움과 성냄을 서로 화합하는 데에는 술이 아니면 권하지 못할 것이라 그런고로 술은 성공과 실패가 있으니 가히 함부로 마시지 못하느니라.

子-曰士-志於道而恥惡衣惡食者는 未足與議也라

(意) 공자가 말씀하시기를 선비가 마땅히 도에 뜻을 두고 나쁜 옷을 입고 나쁜 밥을 먹는 것을 부끄러워하는 자는 더불어 의론하지 못하느니라.

荀子-曰士有妬友則賢交不親고 君有妬臣則賢人不至라

(意) 순자가 말하기를 선비가 벗을 투기하는 일이 있으면 어진 사람이 서로 벗을 삼지 아니하고 임금이 신하를 투기하면 어진 사람이 오지 아니하느니라.

天不生無祿之人이오 地不長無名之草라

大富는 由天하고 小富는 由勤이라

成家之兒는 惜糞如金하고 敗家之兒는 用金如糞이라

康節邵先生이 曰閑居愼勿說無妨하라 纔說無妨便有妨이니라 爽口勿多能作疾이오 快心事過必有殃이라 與其病後能服藥으론 不若病前能自防이니라

梓潼帝君垂訓에 曰妙藥도 難醫冤債病이오 橫財도 不富命窮人이라 生事事生을 君莫怨하고 害人人害를 汝休嗔하라 天地自然皆有報하니 遠在兒孫近在身이니라

花落花開開又落하고 錦衣布衣更換着이라 豪家未必常富貴오 貧家未必長寂寞이라 扶人未必上青霄오 推人未必塡邱壑이라 勸君凡事를 莫怨天하라 天意於人에 無厚薄이니라

堪歎人心毒似蛇라 誰知天眼轉如車오 去年妄取東隣物이러니 今日還歸北舍家라 無義錢財湯潑雪이오 儻來田地水推沙라

若將狡譎爲生計면 恰似朝雲暮落花라

無藥可醫卿相壽요 有錢難買子孫賢이라

一日淸閑一日仙이니라

省心篇 (下)

眞宗皇帝御製에 曰知危識險이면 終無羅網之門이오 擧善薦賢이면 自有安身之路라 施仁布德은 乃世代之榮昌이오 懷妬報冤은 與子孫之爲患이라 損人利己면 終無顯達雲仍이오 害衆成家면 豈有久長富貴리오 改名異體는 皆因巧語而生이오 禍起傷身은 皆是不仁之召니라

神宗皇帝御製에 曰遠非道之財하고 戒過度之酒하며 居必擇隣하고 交必擇友하며 嫉妬를 勿起於心하고 讒言을 勿宣於口하며 骨肉貧者를 莫疎하고 他人富者를 莫厚하며 克己는 以勤儉爲先하고 愛衆은 以謙和爲首하며 常思已往之非하고 每念未來之咎하라 若依

○神宗皇帝御製에 朕之斯言이면 治家國而可久라리

○高宗皇帝御製에 曰一星之火도 能燒萬頃之薪고하 半句非言이 誤損平生之德이라 身被一縷나 常思織女之勞고하 日食三飧이라도 每念農夫之苦라 苟貪妬損이면 終無十載安康고하 積善存仁이면 必有榮華後裔라 福緣善慶은 多因積行而生오이 入聖超凡은 盡是眞實而得라니

王良이 曰欲知其君든 先視其臣고하 欲知其父든 先視其子라하 君聖臣忠고하 父慈子孝니라

家語에 云水至淸則無魚고하 人至察則無徒라니

○許敬宗이 曰春雨—如膏나 行人은 惡其泥濘고하 秋月이 揚輝나 盜者는 憎其照鑑이라니

景行錄에 云大丈夫—見善明故로 重名節於泰山고하 用心剛故로 輕死生於鴻毛라니

悶人之凶고하 樂人之善며하 濟人之急고하 救人之危니라

經目之事도 恐未皆眞든어 背後之言을 豈足深信오이리

不恨自家蒲繩短고하 只恨他家苦井深다이로

贓濫이 滿天下되하 罪拘薄福人이라니

天若改常면이 不風卽雨요 人若改常면이 不病卽死라니

狀元詩에 云國正天心順오이 官淸民自安라이 妻賢夫禍少요 子—孝父心寬라니

太公이 曰木從繩則直고하 人受諫則聖라이니

一派靑山景色幽너라 前人田土後人收라 後人收得莫歡喜하라 更有收人在後頭라

蘇東坡曰 無故而得千金이면 不有大福이라 必有大禍라

康節邵先生이 曰 有人이 來問卜하되 如何是禍福고 我虧人是禍오 人虧我是福이라

大廈千間이라도 夜臥八尺이오 良田萬頃이라도 日食二升이라

久住令人賤이오 頻來親也疎라 但看三五日하라 相見不如初라

渴時一滴은 如甘露요 醉後添盃는 不如無라

酒不醉人人自醉요 色不迷人人自迷라

公心이 若比私心이면 何事不辨이며 道念이 若同情念이면 成佛多時니라

濂溪先生이 曰 巧者言하고 拙者默하며 巧者勞하고 拙者逸하며 巧者賊하고 拙者德하며 巧者凶하고 拙者吉하나니 嗚呼라 天下拙이면 刑政이 徹하여 上安下順하며 風淸弊絶이니라

易에 曰 德微而位尊하며 智小而謀大하며 力小而任重하면 鮮不及禍니라

說苑에 曰 官怠於宦成하고 病加於少愈하며 禍生於懈惰하고 孝衰於妻子니 察此四者하여 愼終如始니라

器滿則溢하고 人滿則喪이니라

尺璧非寶라 寸陰是競이니라

羊羹이 雖美나 衆口를 難調니라

益智書에 云 白玉은 投於泥塗라도 不能汚染其色이오 君子는 行於濁地라도 不能染亂其心하나니 故로 松栢은 可以耐雪霜이오 明智는 可以涉艱危니라

入山擒虎는 易어니와 開口告人은 難이니라

遠水는 不救近火요 遠親은 不如近隣이니라

太公이 曰日月이 雖明이나 不照覆盆之下고 刀刃이 雖快나 斬無罪之人고 非災橫禍는 不入愼家之門이니라

太公이 曰良田萬頃이 不如薄藝隨身이니라

性理書에 云接物之要는 己所不欲이어든 勿施於人고 行有不得이어든 反求諸己라

酒色財氣四堵墻에 多少賢愚在內廂이라 若有世人이 跳得出면 便是神仙不死方이니라

立 敎 篇

子ㅣ 曰立身有義而孝其本이오 喪祀有禮而哀爲本이오 戰陣有列而勇爲本이오 治政有理而農爲本이오 居國有道而嗣爲本이오 生財有時而力爲本이니라

景行錄에 云爲政之要는 曰公與淸이오 成家之道는 曰儉與勤이니라

讀書는 起家之本이오 循理는 保家之本이오 勤儉은 治家之本이오 和順은 齊家之本이니라

孔子ㅣ 三計圖에 云生之計는 在於幼고 一年之計는 在於春이오 一日之計는 在於寅이니 幼而不學면 老無所知요 春若不耕면 秋無所望이오 寅若不起면 日無所辦이니라

性理書에 云五敎之目은 父子有親며 君臣有義며 夫婦有別며 長幼有序며 朋友有信이니라

三綱은 君爲臣綱이오 父爲子綱이오 夫爲婦綱이니라

王蠋이 曰忠臣은 不事二君이오 烈女는 不更二夫니라

忠子曰治官엔 莫若平이오 臨財엔 莫若廉이라

張思叔座右銘에 曰凡語를 必忠信며 凡行을 必篤敬며 飮食을 必愼節며 字畵을 必楷正며 容貌를 必端莊며 衣冠을 必整肅며 步履를 必安詳며 居處를 必正靜며 作事를 必謀始며 出言을 必顧行며 常德을 必固持며 然諾을 必重應며 見善如己

出見惡如己病ᄒᆞ며 朝夕視爲警ᄒᆞ라 凡此十四者를 皆我未深省이라 書此當座 隅ᄒᆞ야 朝夕視爲警ᄒᆞ라

范益謙座右銘에 曰一은 不言朝廷利害邊報差除요 二는 不言州縣官員長短得失이요 三은 不言衆人所作過惡之事요 四는 不言仕進官職趨時附勢요 五는 不言財利多少厭貧求富요 六은 不言淫媒戲慢評論女色이요 七은 不言求覓人物干索酒食이요 又曰一은 人付書信을 不可開坼沈滯며 二는 與人幷坐에 不可窺人私書며 三은 凡入人家에 不可看人文字며 四는 凡借人物에 不可損壞不還이며 五는 凡喫飮食에 不可揀擇去 取며 六은 與人同處에 不可自擇便利며 七은 凡見人富貴ᄒᆞ고 不可歎羨詆毁니 凡此數事를 有犯之者면 足以見用心之不 肖라 於存心修身에 大有所害라 因書以自警ᄒᆞ노라

武王이 問太公曰人居世上에 何得貴賤貧富不等ᄒᆞ고 願聞說 之ᄒᆞ야 欲知是矣노라 太公이 曰富貴ᄂᆞᆫ 如聖人之德ᄒᆞ야 皆由天 命이어니와 富者는 用之有節ᄒᆞ고 不富者는 家有十盜ᄂᆡ라

武王이 曰何謂十盜ᄂᆡᆼ고 太公이 曰時熟不收ㅣ 爲一盜요 收積 不了ㅣ 爲二盜요 無事燃燈寢睡ㅣ 爲三盜요 慵懶不耕이 爲 四盜요 不施功力이 爲五盜요 專行功害ㅣ 爲六盜요 養女太 多ㅣ 爲七盜요 晝眠懶起ㅣ 爲八盜요 貪酒嗜慾이 爲九盜요 强行嫉妬ㅣ 爲十盜ᄂᆡ라

武王이 曰家無十盜而不富者는 何名고 太公이 曰人家에 必 有三耗ᄂᆡ라 武王이 曰何名三耗꼬 太公이 曰倉庫漏濫不蓋ᄒᆞ야 鼠雀亂食이 爲一耗요 收種失時ㅣ 爲二耗요 抛撒米穀穢 賤이 爲三耗ᄂᆡ라

武王이 曰家無三耗而不富者는 何如잇고 太公이 曰人家에 必有其禍요 非天降殃이니라

武王이 曰願悉聞之하노라 太公이 曰養男不敎訓이 爲一錯이요 嬰孩不訓이 爲二愼요 初迎新婦不行嚴訓이 爲三痴요 未語先笑ㅣ 爲四失이요 不養父母ㅣ 爲五逆이오 夜起赤身이 爲六不祥이오 好挽他弓이 爲七奴요 愛騎他馬ㅣ 爲八賤이오 喫他酒勸他人이 爲九愚요 喫他飯命朋友ㅣ 爲十强이니 武王이 曰甚美誠哉라 是言也ㅣ여

有一錯二愼三痴四失五逆六不祥七奴八賤九愚十强하여 自招其禍요 非天降殃이니라

家無三耗: 집에 세 가지 소모함이 없는데도

武王: 무왕이 말하기를

太公: 태공이 말하기를 사람의 집에 반드시 재화와 실과가 있을지언정 하늘에서 재앙이 내리는 것은 아닙니다

...

唐太宗御製에 云上有麾之하고 中有乘之하고 下有附之하여 幣帛으로 衣之요 倉廩食之니 爾俸爾祿이 民膏民脂라 下民은 易虐이어니와 上蒼은 難欺니라

童蒙訓에 曰當官之法에 唯有三事니 曰淸曰愼曰勤이라 知此三者則知所以持身矣니라

當官者는 必以暴怒爲戒하여 事有不可어든 當詳處之면 必無不中이어니와 若先暴怒면 只能自害니 豈能害人이리오

事君을 如事親하며 事官長을 如事兄하며 與同僚를 如家人하며 待羣吏를 如奴僕하며 愛百姓을 如妻子하며 處官事를 如家事然後에 能盡吾之心이니 如有毫末不至면 皆吾心에 有所未盡也니라

或이 問簿는 佐令者也니 簿所欲爲를 令或不從이면 奈何잇고 伊川先生이 曰當以誠意動之니라 今令與簿不和는 便是爭私意요 令은 是邑之長이니 若能以事父兄之道로 事之하여 過則歸己

治政篇

明道先生이 曰一命之士ㅣ 苟有存心於愛物이면 於人에 必有所濟니라

○明道先生: 北宋의 大儒. 성은 程, 이름은 顥. 자는 伯淳. 호는 明道. 河南 洛陽 사람. 원풍 팔년 유월 오십사세에 죽음. (서기 1032—1085년)

善則唯恐不歸於令여하야積此誠意면豈有不動得人이리오

○伊川先生(程顥이름은頤이다。字는正叔함。宋나라程道先生의동생으로天儒의이름이높으며벼슬아치의직명)

劉安禮ㅣ問臨民대한明道先生이曰使民으로各得輸其情이라

○劉安禮는字는元素이며明道先生의제자이다。

問御吏대한曰正己以格物이라

抱朴子ㅣ曰迎斧鉞而正諫하며據鼎鑊而盡言이면此謂忠臣也라

○抱朴子-晉의葛洪이편(內外二篇)으로되었음。

治家篇

司馬溫公이曰凡諸卑幼는事無大小히毋得專行고必咨禀於家長이라

待客엔不得不豊이오治家엔不得不儉이라

太公이曰痴人은畏婦고賢女는敬夫라

凡使奴僕에先念飢寒이라

子孝雙親樂이오家和萬事成이라

時時防火發고夜夜備賊求라

景行錄에云觀朝夕之早晏여可以卜人家之興替라

文仲子ㅣ曰婚娶而論財는夷虜之道也라

安義篇

顏氏家訓에曰夫有人民而後에有夫婦고有夫婦而後에父子고有父子而後에有兄弟니一家之親은此三親焉故로於人倫에爲重也니不可不篤이라
自玆以往으로至于九族히皆本於三親焉故로於人倫에爲重也니不可不篤이라

莊子ㅣ曰兄弟는爲手足이오夫婦는爲衣服이니衣服破時엔更得新이어니와手足斷時엔難可續이라

蘇東坡ㅣ云富不親兮貧不踈는此是人間大丈夫요富則進兮貧則退는此是人間眞小輩라

遵禮篇

子ㅣ曰居家有禮故로長幼辨하고閨門有禮故로三族和하고朝廷有禮故로官爵序하고田獵有禮故로戎事閑하고軍旅有禮故로武功成이라니라

子ㅣ曰君子ㅣ有勇而無禮면爲亂하고小人이有勇而無禮면爲盜라니라

曾子ㅣ曰朝廷엔莫如爵이오鄕黨엔莫如齒오輔世長民엔莫如德이라니라

老少長幼는天分秩序니不可悖理而傷道也ㅣ니라

出門엔如見大賓하고入室엔如有人이라

若要人重我어든無過我重人이라

父不言子之德하고子不談父之過ㅣ니라

劉會ㅣ曰言不中理면不如不言이니라

言語 篇

一言不中이면千語無用이니라

君平이曰口舌者는禍患之門이오滅身之斧也ㅣ니

利人之言은煖如綿絮하고傷人之語는痛如荊棘하여一言利人

句에重値千金이오一語傷人에痛如刀割이라

口是傷人斧오言是割舌刀니閉口深藏舌하면安身處處牢ㅣ라

逢人且說三分話하되未可全抛一片心이라不怕虎生三個口오只恐人情兩樣心이라

酒逢知己千鐘少요話不投機一句多ㅣ라

交友 篇

子ㅣ曰與善人居에如入芝蘭之室하여久而不聞其香하되卽與之化矣오與不善人居에如入鮑魚之肆하여久而不聞其臭하되亦與之化矣니丹之所藏者는赤하고漆之所藏者는黑이라是以로君子는必愼其所與處者焉이라

家語에云與好學人同行에如霧露中行하여雖不濕衣라도時時有潤하고與無識人同行에如厠中坐여하雖不汚衣라도時時聞臭ㅣ니라

子ㅣ曰晏平仲은善與人交ㅣ라久而敬之온여

相識은滿天下호되 知心은 能幾人고

酒食兄弟는 千個有로되 急難之朋은 一個無ㅣ라

不結子花는 休要種이오 無義之朋은 不可交ㅣ니라

君子之交는 淡如水하고 小人之交는 甘若醴ㅣ니라

路遙知馬力이오 日久見人心이니라

婦行篇

益智書에 云女有四德之譽하니 一曰婦德이오 二曰婦言이오 三曰婦容이오 四曰婦工也ㅣ니라

婦德者는 不必才名絶異요 婦言者는 不必辯口利詞요 婦容者는 不必顏色美麗요 婦工者는 不必技巧過人也ㅣ니라

其婦德者는 清貞廉節하여 守分整齊하고 行止有恥하며 動靜有法이니 此爲婦德也요 婦言者는 擇師而說하되 不說非語하고 時言

後言하여 人不厭其言이니 此爲婦言也요 婦容者는 洗浣塵垢하여 衣服鮮潔하고 沐浴及時하여 一身無穢니 此爲婦容也요 婦工者는 專勤紡績하고 勿好暈酒하고 供具甘旨여 以奉賓客이니 此爲婦工也ㅣ니라

此四德者는 是婦人之大德이니 而不可缺者라 爲之甚易하고 務在正之니 依此而行하면 是爲婦節이니라

太公이 曰婦人之禮는 語必細니라

賢婦는 令夫貴하고 惡婦는 令夫賤이니라

家有賢妻면 夫不遭橫禍ㅣ니라

賢婦는 和六親하고 佞婦는 破六親하나니라

增補篇

周易에 曰善不積이면 不足以成名이오 惡不積이면 不足以滅身이어늘 小人은 以小善으로 爲无益而弗爲也하고 以小惡으로 爲无傷而弗去也니라 故로 惡積而不可掩이며 罪大而不可解니라

履霜하면堅冰至하나니 臣弑其君하며子弑其父ㅣ 非一旦一夕之

事ㅣ라 其由來者ㅣ 漸矣라

八反歌八首 (錄桂宮誌)

幼兒ㅣ 或詈我하면我心에 覺懽喜하고 父母ㅣ 嗔怒我하면 我心에

反不甘이라 一喜懽一不甘하니 待兒待父心何懸고 勸君今日逢

親怒어든 也應將親作兒看하라

兒曹는 出千言하되 君聽常不厭하고 父母는 一開口하면 便道多閑

管이라 非閑管親掛牽이니라 皓首白頭에 多諳練이라 勸君敬奉老人

言하고 莫敎乳口爭長短하라

幼兒尿糞穢는 君心에 無厭忌로되 老親涕唾零하면 反有憎嫌意

니라 六尺軀來何處오 父精母血成汝體라 勸君敬待老來人

하라 壯時爲爾筋骨敝니라

看君晨入市하여 買餅又買餻하니 少聞供父母하고 多說供兒曹

라 親未啖兒先飽하니 子心이 不比親心好라 勸君多出買餅錢

하여 供養白頭光陰少하라

市間賣藥肆에 惟有肥兒丸하되 未有壯親者하니 何故兩般看

고 兒亦病親亦病에 醫兒不比醫親症이라 割股還是親的肉이

니 勸君亟保雙親命하라

富貴엔 養親易로되 親常有未安하고 貧賤엔 養兒難하되 兒不受饑

寒이라 一條心兩條路에 爲兒終不如爲父라 勸君兩親을 如養

兒하고 凡事를 莫推家不富하라

養親엔 只有二人이로되 常與兄弟爭하고 養兒엔 雖十人이나 君皆

獨自任이라 兒飽煖親常問되 父母饑寒不在心이라 勸君養親

을 須竭力하라 當初衣食이 被君侵이니라

親有十分慈하되 君不念其恩하고 兒有一分孝하면 君就揚其名

이라 待親暗待兒明하니 誰識高堂養子心고 勸君漫信兒曹孝어든 兒

孝行篇 (續)

曹親子在君身이니 (意) 어버이는 지극히 조심이라도 그대를 사랑하되 효도함은 그대에게 권하노니 어버이에게 대접하는 것은 그대의 어버이도 생각하여 그대의 자식도 또한 부족의 아니누라 효도를 바로 그 은혜를 생각하지 아니 하여야 할쩌이니라.

孫順이 家貧여하 與其妻로 傭作人家以養母새할 有兒毎奪母食이어늘 順이 謂妻曰兒奪母食나하여 兒는 可得이어와 母難再求라하고 乃負兒往歸醉山北郊여하 欲埋掘地나러니 忽有甚奇石鐘이어늘 驚惟試撞之나하 舂容可愛라 妻曰得此奇物은 殆兒之福이라 埋之不可라하여 順이 以爲然여하 將兒與鐘으로 還家여하 懸於樑고하 撞之나러 王이 聞고하 鐘聲이 清遠異常여하 而覈聞其實고하 曰昔에 郭巨-埋子엔 天賜金釜러니 今孫順이 埋兒엔 地出石鐘나하 前後符同이라하고 賜家一區고하 歲給米五十石나하니라

(意) 손순이 집이 가난하여 그 어머니를 봉양하는데 아이가 있어 밥을 뺏어먹으니 어머니가 하는 수 없다라. 손순이 아내와 의논하고 아이를 땅에 묻고자 하여 북쪽 산에 가서 묻을 곳을 파는데 별안간에 괴상한 석종이 나오는지라 아내가 말하기를 이것은 하늘이 주신 것이니 이것이 다 아이의 복이라 아이는 묻을 수 없다 하고 집으로 돌아와 서까래에 달아매고 쳐보니 맑은 소리가 들리는지라 임금이 들으시고 사람을 보내어 그 사실을 알아본즉 옛적에 곽거라 하는 사람이 아이를 묻을 때에 하늘이 금솥을 주시었더니 이제 손순이 아이를 묻으매 땅에서 석종이 나왔다 하시고 집 한 채를 주시고 해마다 쌀 오십 석을 주셨느니라.

○孫順-新羅年梁里-新羅사람. 無量里-新羅.

○郭巨-後漢(隆慮)사람.

向德은 值年荒癘疫여하 父母飢病濱死라 向德이 日夜不解衣고하 盡誠安慰되하 無以爲養則割髀肉食之고하 母發癰에 吮之卽癒라 王이 嘉之여하 賜資甚厚고하 命旌其門고하 立石紀事라하니라

(意) 향덕은 흉년과 질병이 많이 만나서 부모가 굶어 돌아가시게 되매 밤이나 낮이나 옷을 벗지 않고 마음을 다하여 위로하였으되 봉양할 것이 없으므로 다리 살을 베어 잡수시도록 하였으며 어머니가 종기가 남에 빠시어 곧 나으시니라. 임금이 착하게 여기시어 물건을 많이 주어 보내시고 그 집 문에 정성을 표하시고 비석을 세워 그 일을 적게 하였나니라.

○向德-新羅에 사람인데 그 착한 행실은 지극하여 많은 사람의 칭찬을 받은 사람이라.

都氏-家貧至孝라 賣炭買肉여하 無闕母饌이러라 一日은 於市에 晚而忙歸러니 鳶忽攬肉이어늘 都-悲號至家나하 鳶旣投肉於庭이러라 一日은 母病索非時之紅柿어늘 都-彷徨柿林여하 不覺日昏이러니 有虎屢遮前路여하 以示乘意라 都-乘至百餘里山村고하 訪人家投宿이러니 俄而主人이 饋祭飯而有紅柿故로 都-喜問柿之來歷고하 且述己意내한 答曰亡父嗜柿故로 每秋擇柿二百個여하 藏諸窟中而至此五月則完者不過七八이라 今得五十個完者故로 心異之러니 是天感君孝고라하 遺以二十顆어늘 都-謝出門外나하 虎尚俟伏이라 乘至家여하 曉鷄喔喔이러라 後에 母-以天命으로 終에 都有血淚러라

(意) 도씨 복은 집이 가난하되 효도가 지극하였느니라. 숯을 팔아 고기를 사서 어머니 반찬을 빼놓지 아니 하였더니 하루는 장에서 늦게야 급히 돌아오는데 소리개가 고기를 채어 가거늘 도씨 슬피 울며 집에 돌아오니 소리개가 집안 뜰에 고기를 던졌더라. 하루는 어머니가 병이 나서 때 아닌 홍시를 찾으시거늘 도씨 감나무숲에 가서 방황하다가 해가 저문 것을 깨닫지 못 하였더니 호랑이가 여러 번 앞길을 막으며 타라는 뜻을 보이는지라 도씨 타고 백여리 산촌에 이르러 사람의 집을 찾아 잘 곳을 청하였더니 이윽고 주인이 제사 밥을 주는데 홍시가 있거늘 도씨 기뻐하여 홍시의 내력을 묻고 또 자기의 뜻을 말하니 대답하되 돌아가신 아버지께서 감을 즐기시는 고로 해마다 가을에 감 이백개를 가려 굴 안에 감춰두었더니 이 오월에 이르러 상하지 아니 한 것이 불과 칠팔개라 지금 상하지 아니 한 것 오십개를 얻은 고로 마음에 이상하게 여겼더니 이것은 하늘이 그대의 효성에 감동하심이라 하고 이십개를 주거늘 도씨 감사하여 문 밖에 나서니 호랑이가 아직도 누워서 기다리는지라. 타고 집에 돌아오니 새벽 닭이 울더라. 뒤에 어머니가 천명으로 돌아가시매 도씨 피눈물을 흘리더라.

○都氏는 醴泉(예천)사람. 이조(李朝) 철종(哲宗)때에 있었다. 名은 始愼 자(字)는 士弘 호(號)는 也溪 本貫은 星州.

廉義篇

印觀이 賣綿於市할새 有署調者以穀買之而還이러니 有鳶이 攫其綿하야 墮印觀家어늘 印觀이 取歸市署調家라고 還汝하노라 署調曰鳶이 攫綿與汝는 天也라 吾何爲受리오 印觀曰然則還汝穀하리라 署調曰吾與汝者는 市二日이니 穀이 已屬汝矣라하고 二人이 相讓가라 并棄於市而歸어늘 掌市官이 以聞王여대 並賜爵하니라

○印觀 署調―신라(新羅)때 사람.

洪蘷燮이 少貪甚無料러니 一日早에 婢兒―踴躍獻七兩錢曰此在鼎中하니 米可數石이요 柴可數駄니 天賜天賜中公이 驚曰 是何金고 卽書失金人推去等字하야 付之門楣而待러니 俄而姓劉―者―來問書意늘 公이 悉言之대 劉―曰理無失金於人之鼎內하니 果天賜也라 盍取之오 公曰非吾物에 何오 劉―俯伏曰 小的이 昨夜에 爲窃鼎來라가 還憐家勢蕭條而施之러니 今感公之廉价고 良心自發하야 誓不更盜하고 願欲常侍하노니 勿慮取之하소서 公이 卽還金曰汝之爲良則善矣나 金不可取라하고 終不受하니라 後에 公이 爲判書하고 其子在龍이 爲憲宗國舅하며 劉亦見 信하야 身家大昌하니라

勸學篇

朱子―曰勿謂今日不學而有來日하며 勿謂今年不學而有來年이라하니 日月逝矣나 歲不我延이니 鳴呼老矣라 是誰之愆고

高句麗平原王之女―幼時에 好啼어늘 王이 戲曰以汝로 將歸于愚溫達라하니 及長에 欲下嫁于上部高氏대 女―以王不可食言이라하고 固辭라 終爲溫達之妻라하니라 蓋溫達이 家貧여 行乞養母러니 時人이 目爲愚溫達也라 一日은 溫達이 自山中로 負楡皮而來어늘 王女訪見曰吾乃子之匹也라하고 乃賣首飾而買田宅器物여 頗富하고 多養馬以資溫達여 終顯榮하니라

○高句麗―시기전 三八―年이 東明聖王으로 주몽(朱蒙)이라고 고구려의 始祖.
○平原王―고구려 二十五대 왕.
○溫達―사람들이 바보 온달이라고 하였다.

文明心寶鑑 終

갑골문	금문	전서	예서
			人
			子
			好
			旅
			旣
			來
			車
			馬
			其
			茲

〈文字의 變遷: 甲骨文에서 周의 金文, 秦의 篆書를 거쳐 漢의 隸書에서 現在 漢字의 形은 대체로 잡혔다.〉

少年은 易老고하 學難成이나하 一寸光陰들인 不可輕라해 未覺池塘에 春草夢데인 階前梧葉이 已秋聲라이

(意) 주자가 말하며 올해에 배우지 아니하고서 내년이 있다고 말하지 말며, 오늘에 배우지 아니하고서 내일이 있다고 말하지 말라. 세월은 가지 않고 나이는 누구의 허물인고! 늙었도다 이는 나와 같이 안니 말라하

少年은 쉽게 늙기는 하고 학문은 이루기가 어려우니 한치의 광음인들 가벼이 못할 것이라. 아직 못풀어는 봄풀의 꿈에서 깸달지도 못하니 섬돌 앞의 오동나무는 벌써 가을의 소리를 낸다.

陶淵明詩에 云盛年은 不重來고하 一日은 難再晨니이 及時ᅵ當 勉勵라하 歲月은 不待人라니

(意) 도연명의 시에 이르기를 젊음이 있는 때는 두번 오지 아니하고 하루에는 새벽녘이 두번 있지 않나니라. 때에 다달렀음을 당연히 힘쓰라. 세월은 사람을 기다리지 않나니라.

荀子ᅵ曰 不積頤步면 無以至千里요 不積小流면 無以成江河라니

(意) 순자 말하기를 반걸음을 쌓지 않으면 천리에 이르지 못할 것이요 작게 흐르는 물이 쌓이지 않으면 강물이 이루지 못할 것이니라.

우리 나라 姓氏名

우리 나라의 성씨는 고래로부터 제정 사용하여 왔다. 이 성의 수효는 옛 기록에는 486종을 헤아리고 있으나 현재에는 약 260종에 달하고 있다. 이것을 성씨별의 인원 비례로 나누면 아래와 같이 저성(著姓)·희성(稀姓)·벽성(僻姓) 및 복성(複姓)으로 구별할 수 있다.

[저성(著姓)]

李(이)	金(김)	朴(박)	崔(최)	鄭(정)	安(안)	趙(조)
姜(강)	張(장)	韓(한)	尹(윤)	吳(오)	林(임)	申(신)
宋(송)	徐(서)	黃(황)	洪(홍)	全(전)	權(권)	柳(유)
高(고)	白(백)	梁(양)	孫(손)	車(차)	許(허)	裵(배)
曹(조)	盧(노)	南(남)	田(전)	康(강)	任(임)	郭(곽)
禹(우)	丁(정)	羅(나)	元(원)	河(하)	閔(민)	具(구)
嚴(엄)	成(성)	辛(신)	兪(유)	蔡(채)	沈(심)	(이상48종)

[희성(稀姓)]

池(지)	邊(변)	呂(여)	卞(변)	愼(신)	文(문)	劉(유)
朱(주)	玄(현)	方(방)	陳(진)	咸(함)	千(천)	廉(염)
楊(양)	孔(공)	吉(길)	石(석)	魯(노)	秋(추)	都(도)
薛(설)	延(연)	表(표)	桂(계)	夫(부)	芮(예)	睦(목)
皮(피)	卜(복)	杜(두)	葛(갈)	扈(호)	錢(전)	陸(육)
潘(반)	房(방)	毛(모)	景(경)	鞠(국)	龍(용)	明(명)
異(이)	諸(제)					(이하 생략. 194종)

[복성(複姓)]

南宮(남궁)	鮮于(선우)	皇甫(황보)	獨孤(독고)	司空(사공)
諸葛(제갈)	西門(서문)	東方(동방)	石抹(석말)	扶餘(부여)
令狐(영호)	司馬(사마)	夏候(하후)	公孫(공손)	乙支(을지)
				(이상15종)

日語五十音

ひらがな (히라가나)

あ a	い i	う u	え e	お o
か ka	き ki	く ku	け ke	こ ko
さ sa	し si	す su	せ se	そ so
た ta	ち chi	つ tsu	て te	と to
な na	に ni	ぬ nu	ね ne	の no
は ha	ひ hi	ふ hu	へ he	ほ ho
ま ma	み mi	む mu	め me	も mo
や ya	(い) i	ゆ yu	(え) e	よ yo
ら ra	り ri	る ru	れ re	ろ ro
わ wa	(い) i	う u	(え) e	を o
ん n				

カタカナ (가다가나)

ア	イ	ウ	エ	オ
カ	キ	ク	ケ	コ
サ	シ	ス	セ	ソ
タ	チ	ツ	テ	ト
ナ	ニ	ヌ	ネ	ノ
ハ	ヒ	フ	ヘ	ホ
マ	ミ	ム	メ	モ
ヤ	(イ)	ユ	(エ)	ヨ
ラ	リ	ル	レ	ロ
ワ	(イ)	ウ	(エ)	ヲ
ン				

一字異音

( ) 안의 音은 通音

降	내릴 강 : 降雨(강우) 항복할 항 : 降伏(항복)
乾	하늘 건 : 乾坤(건곤) 마를 간 : 乾淨(간정)
更	다시 갱 : 更新(갱신) 고칠 경 : 更迭(경질)
車	수레 거 : 車馬(거마) 바퀴 차 : 汽車(기차)
見	볼 견 : 見學(견학) 나타날 현 : 謁見(알현)
契	계약할 계 : 默契(묵계) 나라이름글 : 契丹(글안) 근고할 결 : 契活(결활)
句	알릴 고 : 告白(고백) 뵙고청할곡 : 出必告(출필곡)
句	구절 구 : 句讀(구두) 〃 귀 : 語句(어귀)
龜	거북 귀 : 龜鑑(귀감) 틀 균 : 龜裂(균열) 나라이름구 : 龜玆(구자)
金	쇠 금 : 金屬(금속) 성 김 : 金氏(김씨)
內	안 내 : 國內(국내) 나 : 內人(나인)
丹	붉을 단 : 丹楓(단풍) 란 : 牡丹(모란) 나라이름안 : 契丹(글안)
糖	설탕 당 : 糖分(당분) 〃 탕 : 雪糖(설탕)
宅	살 댁 : 宅內(댁내) 집 택 : 宅地(택지)
度	법도 도 : 法度(법도) 헤아릴 탁 : 忖度(촌탁)
洞	동네 동 : 洞里(동리) 꿰뚫을 통 : 洞察(통찰)

讀	읽을 독 : 讀書(독서) 귀절 두 : 句讀(구두)
復	돌아올 복 : 往復(왕복) 다시 부 : 復活(부활)
不	아닐 불 : 不吉(불길) 부 : (ㄷ·ㅈ아래서) 不當(부당)不正(부정)
否	아닐 부 : 否認(부인) 막힐 비 : 否塞(비색)
北	북녘 북 : 南北(남북) 패하여 달아날 배 : 敗北(패배)
分	나눌 분 : 分配(분배) 푼 : 分錢(푼전)
寺	절 사 : 寺院(사원) 내시 시 : 寺人(시인)
殺	죽일 살 : 殺生(살생) 〃 시 : 殺逆(시역) 감할 쇄 : 相殺(상쇄)
塞	변방 새 : 要塞(요새) 막을 색 : 拔本塞源(발본색원)
索	찾을 색 : 索引(색인) 흩을 삭 : 索莫(삭막)
數	두어 수 : 數學(수학) 자주 삭 : 頻數(빈삭) 빽빽할 촉 : 數罟(촉고)
省	살필 성 : 反省(반성) 덜 생 : 省略(생략)
泄	샐 설 : 漏泄(누설) 많을 예 : 泄泄(예예)
說	말씀 설 : 說話(설화) 달랠 세 : 遊說(유세) 기뻐할 열 : 說喜(열희)
識	알 식 : 知識(지식)

識	기록할 지 : 標識(표지)
率	거느릴 솔 : 統率(통솔) 셀이름 률 : 比率(비율)
食	먹을 식 : 食事(식사) 밥 사(吉音) : 簞食(단사)
什	열사람 십 : 什長(십장) 세간 집 : 什器(집기)
拾	주울 습 : 拾得(습득) 열 십 : 拾圓(십원)
沈	잠길 침 : 沈沒(침몰) 성 심 : 沈淸(심청)
樂	즐거울 락 : 快樂(쾌락) 풍류 악 : 音樂(음악) 좋아할 요 : 樂山(요산)
惡	모질 악 : 善惡(선악) 미워할 오 : 憎惡(증오)
若	같을 약 : 若干(약간) 불경 야 : 般若經(반야경)
易	바꿀 역 : 貿易(무역) 쉬울 이 : 容易(용이)
厭	싫을 염 : 厭世(염세) 덮을 엄 : 厭然(엄연)
葉	잎 엽 : 落葉(낙엽) 지명 섭 : 伽葉(가섭)
咽	목구멍 인 : 咽喉(인후) 목멜 열 : 嗚咽(오열)
刺	찌를 자 : 刺客(자객) 〃 척 : 刺殺(척살)
狀	문첩 장 : 賞狀(상장) 모양 상 : 狀態(상태)
著	밝을 저 : 著書(저서) 붙을 착 : 到著(도착)
提	끌 제 : 提携(제휴) 리 : 菩提(보리)

佐	도울 좌 : 補佐(보좌)	推	옮길 추 : 推究(추구)	合	합할 합 : 合格(합격)
	버금 자 : 佐飯(자반)		밀 퇴 : 推敲(퇴고)		홉 홉 : 一合(일홉)
切	간절할 절 : 懇切(간절)	則	법 칙 : 規則(규칙)	行	갈 행 : 通行(통행)
	일체 체 : 一切(일체)		곧 즉 : 然則(연즉)		항렬 항 : 行列(항렬)
弔	조상할 조 : 弔儀(조의)	暴	드러낼 폭 : 暴露(폭로)	廓	빌 곽 : 胸廓(흉곽)
	이를 적 : 弔橋(적교)		사나울 포 : 暴惡(포악)		클 확 : 廓正(확정)
差	어긋날 차 : 差別(차별)	曝	볕에말릴 폭 : 曝陽(폭양)	畫	그림 화 : 繪畫(회화)
	참치할 치 : 參差(참치)		볕쪼일 포 : 曝白(포백)		가를 획 : 字畫(자획)
參	참여할 참 : 參拜(참배)	便	편할 편 : 便利(편리)	滑	미끄러질활 : 圓滑(원활)
	석 삼 : 參萬(삼만)		오줌 변 : 便器(변기)		어지러울골 : 滑稽(골계)
諦	살필 체 : 諦念(체념)	皮	가죽 피 : 皮骨(피골)		
	밝힐 제 : 眞諦(진제)		비 : 鹿皮(녹비)		

틀리기 쉬운 비슷한 字(辨字)

〈新聞·雜紙 기타〉

九(구) : 九月〈구월〉
丸(환) : 丸藥〈환약〉

干(간) : 干戈〈간과〉
于(우) : 于今〈우금〉

七(칠) : 七曜日〈칠요일〉
匕(비) : 匕首〈비수〉

刀(도) : 刀劍〈도검〉
刃(인) : 刃創〈인창〉

大(대) : 大地〈대지〉
丈(장) : 丈夫〈장부〉

又(우) : 又況〈우황〉
叉(차) : 交叉路〈교차로〉

土(토) : 農土〈농토〉
士(사) : 紳士〈신사〉

己(기) : 自己〈자기〉
已(이) : 不得已〈부득이〉
巳(사) : 巳時〈사시〉
巴(파) : 巴里〈파리〉

木(목) : 植木〈식목〉
禾(화) : 禾穀〈화곡〉

王(왕) : 王國〈왕국〉
玉(옥) : 玉稿〈옥고〉

水(수) : 藥水〈약수〉
氷(빙) : 氷雪〈빙설〉

太(태) : 太陽〈태양〉
犬(견) : 犬馬〈견마〉

午(오) : 正午〈정오〉
牛(우) : 牛馬車〈우마차〉

曰(왈) : 子曰〈자왈〉
日(일) : 日時〈일시〉

丹(단) : 丹心〈단심〉
円(원) : 圓의 俗字

天(천) : 天國〈천국〉
夭(요) : 夭折〈요절〉

分(분) : 分數〈분수〉
兮(혜) : 감탄의 語助詞

尤(우) : 尤甚〈우심〉
尨(방) : 尨大〈방대〉

勿(물) : 勿論〈물론〉
匃(구) : 匃配〈구배〉

匈(흉) : 匈奴〈흉노〉

爪(조) : 爪痕〈조흔〉
瓜(과) : 瓜菜〈과채〉

友(우) : 友情〈우정〉
反(반) : 反抗〈반항〉

予(예) : 豫의 略字
矛(모) : 矛盾〈모순〉

代(대) : 代父〈대부〉
伐(벌) : 討伐〈토벌〉

北(북) : 南北〈남북〉
兆(조) : 吉兆〈길조〉

未(미) : 未來〈미래〉
末(말) : 終末〈종말〉

失(실) : 失敗〈실패〉
矢(시) : 嚆矢〈효시〉

囚(수) : 罪囚〈죄수〉
因(인) : 原因〈원인〉
困(곤) : 困難〈곤난〉

主(주) : 主人〈주인〉
壬(임) : 壬時〈임시〉

句(구) : 句讀〈구두〉
旬(순) : 旬望〈순망〉

戊(무) : 戊夜〈무야〉
戌(술) : 戌時〈술시〉
戍(수) : 衛戍令〈위수령〉

旦(단) : 元旦〈원단〉
且(차) : 且月〈차월〉

申(신) : 申氏〈신씨〉
甲(갑) : 甲乙〈갑을〉

巨(거) : 巨大〈거대〉
臣(신) : 臣下〈신하〉

母(모) : 母校〈모교〉
毋(무) : 毋望〈무망〉

功(공) : 成功〈성공〉
巧(교) : 巧妙〈교묘〉

世(세) : 世界〈세계〉
泄(설) : 漏泄〈누설〉

丘(구) : 丘陵〈구릉〉
兵(병) : 兵卒〈병졸〉

休(휴) : 休日〈휴일〉
体(체) : 體의 略字

名(명) : 有名〈유명〉
各(각) : 各國〈각국〉

亦(역) : 亦是〈역시〉
赤(적) : 赤十字〈적십자〉

具(구) : 器具〈기구〉
貝(패) : 貝物〈패물〉

互(호) : 相互〈상호〉
瓦(와) : 瓦家〈와가〉

兩(양) : 兩立〈양립〉
雨(우) : 雨量〈우량〉

明(명) : 文明〈문명〉
朋(붕) : 朋友〈붕우〉

宜(의) : 便宜〈편의〉
宣(선) : 宣傳〈선전〉

季(계) : 四季〈사계〉
秀(수) : 優秀〈우수〉

治(치) : 政治〈정치〉
冶(야) : 陶冶〈도야〉

宗(종) : 宗敎〈종교〉
崇(숭) : 崇仰〈숭앙〉

官(관) : 官吏〈관리〉
宮(궁) : 宮女〈궁녀〉
宦(환) : 宦族〈환족〉

兌(태) : 兌換〈태환〉
悅(열) : 喜悅〈희열〉

脫(탈) : 脫出〈탈출〉	閃(섬) : 閃光〈섬광〉	徵(징) : 徵集〈징집〉	村(촌) : 村落〈촌락〉
早(조) : 早朝〈조조〉	閱(열) : 査閱〈사열〉	微(휘) : 徽章〈휘장〉	材(재) : 材木〈재목〉
旱(한) : 旱魃〈한발〉	閉(폐) : 閉門〈폐문〉	微(미) : 微笑〈미소〉	株(주) : 株式〈주식〉
匠(장) : 匠人〈장인〉	閑(한) : 閑客〈한객〉	獲(획) : 鹵獲〈노획〉	殊(수) : 特殊〈특수〉
匹(필) : 匹馬〈필마〉	晝(주) : 晝夜〈주야〉	穫(확) : 收穫〈수확〉	彬(빈) : 彬彬〈빈빈〉
匡(광) : 匡正〈광정〉	畵(화) : 畵筆〈화필〉	衝(충) : 衝突〈충돌〉	淋(임) : 淋巴〈임파〉
辛(신) : 辛苦〈신고〉	惠(혜) : 恩惠〈은혜〉	衡(형) : 度量衡〈도량형〉	旅(여) : 旅行〈여행〉
幸(행) : 幸運〈행운〉	穗(수) : 落穗〈낙수〉	慚(참) : 慚愧〈참괴〉	旋(선) : 旋風〈선풍〉
免(면) : 免稅〈면세〉	雲(운) : 雲霧〈운무〉	漸(점) : 漸次〈점차〉	施(시) : 施賞〈시상〉
兎(토) : 兎脣〈토순〉	雪(설) : 雪景〈설경〉	憧(동) : 憧憬〈동경〉	社(사) : 社會〈사회〉
苦(고) : 苦痛〈고통〉	暑(서) : 暑氣〈서기〉	撞(당) : 撞着〈당착〉	杜(두) : 杜絕〈두절〉
若(약) : 明若觀火	署(서) : 支署〈지서〉	惟(유) : 惟獨〈유독〉	牡(모) : 牡丹〈모란〉
〈명약관화〉	萬(만) : 萬一〈만일〉	推(추) : 推進〈추진〉	牧(목) : 牧童〈목동〉
杏(행) : 銀杏〈은행〉	邁(매) : 邁進〈매진〉	悽(처) : 悽慘〈처참〉	昨(작) : 昨年〈작년〉
杳(묘) : 杳然〈묘연〉	勵(려) : 獎勵〈장려〉	棲(서) : 棲息〈서식〉	詐(사) : 詐欺〈사기〉
査(사) : 搜査〈수사〉	萃(췌) : 拔萃〈발췌〉	隣(린) : 隣近〈인근〉	遺(유) : 遺物〈유물〉
香(향) : 香氣〈향기〉	粹(수) : 純粹〈순수〉	憐(련) : 憐憫〈연민〉	遣(견) : 派遣〈파견〉
亨(형) : 亨通〈형통〉	罵(매) : 罵倒〈매도〉	折(절) : 斷折〈단절〉	途(도) : 途中〈도중〉
享(향) : 享有〈향유〉	篤(독) : 篤實〈독실〉	析(석) : 分析〈분석〉	送(송) : 送稿〈송고〉
冒(모) : 冒險〈모험〉	戀(연) : 戀愛〈연애〉	技(기) : 技術〈기술〉	納(납) : 納稅〈납세〉
胃(위) : 胃腸〈위장〉	變(변) : 變化〈변화〉	枝(지) : 枝葉〈지엽〉	訥(눌) : 訥辯〈눌변〉
冑(주) : 甲冑〈갑주〉	載(재) : 載書〈재서〉	捐(연) : 義捐金〈의연금〉	設(설) : 建設〈건설〉
亮(량) : 亮明〈양명〉	戴(대) : 戴冠式〈대관식〉	損(손) : 損害〈손해〉	沒(몰) : 沒收〈몰수〉
豪(호) : 富豪〈부호〉	勤(근) : 勤務〈근무〉	拓(척) : 開拓〈개척〉	逐(축) : 逐出〈축출〉
差(차) : 差異〈차이〉	勸(권) : 勸告〈권고〉	拍(박) : 拍手〈박수〉	遂(수) : 遂行〈수행〉
羞(수) : 羞恥〈수치〉	頃(경) : 頃刻〈경각〉	油(유) : 油田〈유전〉	瑞(서) : 詳瑞〈상서〉
栗(률) : 栗木〈율목〉	項(항) : 項目〈항목〉	抽(추) : 抽象〈추상〉	端(단) : 端正〈단정〉
粟(속) : 粟米〈속미〉	刻(각) : 寸刻〈촌각〉	袖(수) : 領袖〈영수〉	喘(천) : 喘息〈천식〉
基(기) : 基礎〈기초〉	核(핵) : 核心〈핵심〉	洽(흡) : 洽足〈흡족〉	眠(면) : 睡眠〈수면〉
甚(심) : 極甚〈극심〉	削(삭) : 削除〈삭제〉	給(급) : 給食〈급식〉	眼(안) : 眼鏡〈안경〉
育(육) : 敎育〈교육〉	消(소) : 消費〈소비〉	洋(양) : 大洋〈대양〉	紹(소) : 紹介〈소개〉
盲(맹) : 盲人〈맹인〉	住(주) : 住宅〈주택〉	祥(상) : 祥夢〈상몽〉	招(초) : 招待〈초대〉
虐(학) : 虐待〈학대〉	往(왕) : 往來〈왕래〉	幼(유) : 幼稚〈유치〉	綠(록) : 草綠〈초록〉
虛(허) : 虛榮〈허영〉	侍(시) : 侍從〈시종〉	幻(환) : 幻想〈환상〉	緣(연) : 緣故〈연고〉
烏(오) : 烏鵲橋〈오작교〉	待(대) : 期待〈기대〉	勉(면) : 勤勉〈근면〉	綱(강) : 綱領〈강령〉
鳥(조) : 鳥銃〈조총〉	峙(치) : 對峙〈대치〉	逸(일) : 安逸〈안일〉	網(망) : 網紗〈망사〉
哲(철) : 哲學〈철학〉	俗(속) : 風俗〈풍속〉	效(효) : 效果〈효과〉	順(순) : 順從〈순종〉
晳(석) : 明晳〈명석〉	裕(유) : 裕福〈유복〉	劾(핵) : 彈劾〈탄핵〉	須(수) : 須眉〈수미〉
師(사) : 敎師〈교사〉	但(단) : 但書〈단서〉	活(활) : 快活〈쾌활〉	鄕(향) : 故鄕〈고향〉
帥(수) : 將帥〈장수〉	坦(탄) : 坦懷〈탄회〉	浩(호) : 浩然〈호연〉	卿(경) : 卿士大夫
起(기) : 起阜〈기초〉	壤(양) : 土壤〈토양〉	桎(질) : 桎梏〈질곡〉	〈경사대부〉
赴(부) : 赴任〈부임〉	壞(괴) : 破壞〈파괴〉	陸(육) : 陸地〈육지〉	薄(박) : 薄命〈박명〉
恩(은) : 恩惠〈은혜〉	如(여) : 如何〈여하〉	睦(목) : 親睦〈친목〉	簿(부) : 帳簿〈장부〉
思(사) : 思想〈사상〉	好(호) : 好感〈호감〉	邦(방) : 友邦〈우방〉	籍(적) : 本籍〈본적〉
貧(빈) : 貧困〈빈곤〉	奴(노) : 奴婢〈노비〉	那(나) : 那邊〈나변〉	藉(자) : 憑藉〈빙자〉
貪(탐) : 貪慾〈탐욕〉	徒(도) : 徒黨〈도당〉	郡(군) : 郡邑〈군읍〉	
扇(선) : 扇風機〈선풍기〉	徙(사) : 移徙〈이사〉	群(군) : 群衆〈군중〉	
扉(비) : 柴扉〈시비〉			

제례(祭禮)

시제(時祭)

사시(四時)의 길일(吉日)에 시제(時祭)를 옛사람들은 모셨으나 현대(現代) 대중(大衆)들은 설날(正月初一日) 한식날(寒食日) 추석날(八月十五日)만 모시되 무축(無祝)으로 단잔(單盞)이다.

기제변의(忌祭辨疑)

윤달에 별세하였으면 본달에 행한다. 큰 달 그믐날(三十日) 별세하였으면 작은달에는 二十九日에 행한다. 밤중 자시(子時)부터인시(寅時) 중간에 행한다. (現午前零時 二時사이) 집을 나간 후 생사(生死)를 알지 못하는 사람의 제사를 모실 때에는 집떠나간 날을 기일(忌日-제사날)로 정하여 행한다. 상중에 상주는 제사치 못하니 타친(他親)을 시켜 무축 단잔으로 고사만 한다.

제주(祭主)

제주는 반드시 종자(맏아들)가 된다. 지손은 제주가 될 수 없으나 부득이 한 경우는 이 유를 달아 대행한다.

기일전일재계(忌日前日齊戒)

기일(제사날) 하루 전에 목욕하고 엄숙과 정성을 다하여 설전을 준비하되 친가유무대로 함.

지방 쓰는법 (紙榜作成)

목욕 세수하고 의관을 정돈하고 꿇어앉아 서 지방을 만 것. 망자수재(亡子秀才-열여덟살 미만의 죽은 자식) 숙부(叔父-작은아버지)는 현중계고(顯仲季考)라 쓸 것.

高祖父母紙榜 (고조부모지방)	顯高祖考學生府君 神位 (현고조고학생부군 신위) / 顯高祖妣孺人晋州金氏 神位 (현고조비유인진주김씨 신위)
曾祖父母紙榜(兩位) (증조부모지방 양위)	顯曾祖考學生府君 神位 (현증조고학생부군 신위) / 顯曾祖妣孺人慶州李氏 神位 (현증조비유인경주이씨 신위)
祖父母紙榜(三位) (조부모지방 삼위)	顯祖考學生府君 神位 (현조고학생부군 신위) / 顯祖妣孺人義城金氏 神位 (현조비유인의성김씨 신위) / 顯祖妣孺人安東金氏 神位 (현조비유인안동김씨 신위)

父母紙榜 (부모지방)	顯考學生府君 神位 (현고학생부군 신위) / 顯妣孺人河東鄭氏 神位 (현비유인하동정씨 신위)
男便紙榜 (남편지방)	顯辟學生府君 神位 (현벽학생부군 신위)
妻의 紙榜 (처의 지방)	故室孺人全州柳氏 神位 (고실유인전주유씨 신위)
伯父母紙榜 (백부모지방)	顯伯考學生府君 神位 (현백고학생부군 신위) / 顯伯妣孺人光山金氏 神位 (현백비유인광산김씨 신위)
叔父母紙榜 (숙부모지방)	顯叔考學生府君 神位 (현숙고학생부군 신위) / 顯叔妣孺人金城王氏 神位 (현숙비유인금성왕씨 신위)

子息內外紙榜 (자식내외지방)

亡子學生吉童 神位 (망자학생길동 신위)
子婦密陽朴氏 神位 (자부밀양박씨 신위)

兄內外紙榜 (형내외지방)

顯兄學生府君 神位 (현형학생부군 신위)
顯兄嫂孺人晉州金氏 神位 (현형수유인진주김씨 신위)

紙榜(양위도)

밥	잔	국	수저	밥	잔	국	떡
초탕	국수	떡	육물탕	적	어물탕	국수	초탕
자반		탕포	숙채	간장		식혜	김치
능금		감	배				대추

모사 향로 향합

祭物 차려 놓는 法

紙榜(단위도)

수저	국	밥	잔	초	떡
국수	어물탕	육물탕	적탕	탕	나물
탕포	식혜	숙채	간장		밤
능금		감	배		대추

모사 향로 향합

혼 례 (婚禮)

정직하여야 되겠다.

二, 택·혼 (擇婚)

택혼은 양가에서 거의 같은 점을 보는 것인데 옛날의 택혼법은 주로 ①문벌(門閥) ②용모(容貌) ③가풍(家風) ④학식(學識)의 네 가지 조건 및 그밖의 여러 가지 것을 참작하여 상호 합당하다고 인정된 뒤에 허혼(許婚)이 되는 것이다.

그러나 현재의 택혼 조건은 옛날과 다른 점이 있다. 그것은 문벌을 가리는 것이다. 옛날에는 문벌의 택혼 조건으로 삼았던 것이 지금은 문벌의 관념이 별로 중요시되고 있지 않다는 것이다. 자세히 말하자면 문벌에 대한 관습은 폐지되어야 당연하다 하겠다. 남녀를 막론하고 가문이야 어떻든 당사자 사람의 용모 범절(凡節)과 인간적인 개성이 훌륭하면 되는 것이다. 지금은 양반 상놈의 악습이 타파되었으니 재론할 여지도 없는 것이나 아직도 가풍은 많이 보는 것이다. 가풍은 그 집안에 대대로 내려온 행세를 말함이다. 당사자 한 사람의 자격은 택혼의 조건으로 훌륭한 자격을 가졌다 할지라도 그 집의 가풍에 의하여 좌우가 결정되는 경향도 간혹 있는 것이다. 속어에 습관은 제이의 천성이라 하였다. 주위 환경이 좋은 사람은 그 사람이 지닌 성격도 자연히 영향을 받아 명랑하고 훌륭한 성격의 소유자가 되고 그와 반대로 악조건의 환경에서 거친 생활을 체험한 사람은 천성적으로

一, 의혼 (議婚)

당사자 양가(兩家)에서 직접 상면하여 의혼하기란 어려울 뿐 아니라, 어느 곳에 적합한 신랑감과 신부감이 있는지를 알기란 더욱 힘든 것이므로 중매인으로 하여금 구혼(求婚)하는 것이 가장 편리한 일이다. 중매인은 양가의 실정에 밝아야 함은 물론이고 조한

대체로 혼인은 중매가 없으면 이루기 어려운 것이다. 현대에는 연애로 성립되는 경우도 많지만 그래도 중매 반 연애 반의 경우까지 합한다면 중매 쪽의 결합이 아직까지는 많을 것으로 생각된다. 그래서 여기서는 아주 고례(古禮)도 아니오 아주 현대식도 아닌 통행 혼례(通行婚禮)를 다루고자 하는 것이다.

타고난 양심도 악습에 말려드는 경우가 있는 것이니, 예를 들면, 보고, 듣고, 행하는 것이 정대(正大)하고, 원만한 가정의 출신이라면, 비록 타고난 성격이 원만하지 못하다 하더라도 자연히 가풍의 미덕을 본받아 점차 엄격한 가정교훈으로 장차 정당하고 훌륭한 사람으로 양성될 것이요, 반면에 그 가정의 전해 오는 행세 범절이 고루 천박하고 부정한 가정에서 자랐다면 천품(固陋淺薄)이 선량하고 재질이 좋은 사람일지라도 자연히 그 가정의 부정을 본받아 행동이 바르지 못하고 견문이 적어 보잘 것 없는 사람이 되는 수가 있다. 그러나 전부 다 함은 예외로 이를 두고 말한 것이다. 인간은 대개 주위 환경의 지배를 받는 것이니, 예로부터 재상의 집에서 또 재상이 난다고 함은 이를 두고 말한 것이다.

三、허 혼(許婚)

중매인이 양가에 찾아가 혼담을 전하면 양가는 여러 가지 조건에 합당하다고 인정되면 허혼을 하게 된다.

四、간 선(看選)

○중매는 양가의 허락을 받고 양가에서 간선일자(看選日字)를 정한다.
○규수(閨秀) 집에서 먼저 낭재(郞材) 집으로 간선을 가는데 규수의 아버지가 중매를 동반한다.

○간선의 결과 합당하면 뇌약(牢約)하고, 불합하면 파의 (罷議) 한다. 만일 합당하다고 생각하면 규수의 간선을 낭재집에 청한다.

五、사 성(四星)

양가에서 서로 허혼이 성립되면 사성(四星—四柱)을 보낸다. 예전에는 사주만을 써서 중매인이나 자제를 시켜 보냈던 것이다. 그 런데 약 반세기(半世紀) 전부터 사주보낼 때 소위 사주저고리라 하여 보료 사주와 같이 진 패물도 보내는 예가 많이 있다. 그런데 사주에 이와 같이 패물 등속까지 보내는 것은 비단 저고리 싸서 사주 보내는 것은 옳지 못한 일이다. 다만 사주만 보내는 것이 온당하다 하겠다.

◎ 사주(四柱) 쓰는 식

옛날에는 생년월일시를 전부 간지(干支)로 표기하였기 때문에 자연 사주 두자씩이 간지로 썼었다. 그래서 사주 팔자(四柱八字)란 말까지 생기게 되었다. 이상은 지금 쓰고 있는 식이다.

庚辰 五月 十三日 子時

봉투 뒷면

謹封
四 柱

봉투 앞면

李生員宅 下執事 入納

○사주는 남자의 생년월일시를 쓰는 것인데 먹을 갈아 붓으로 바르게 쓴다.
○감은 간지나, 간지가 없으면 상품 창호지로 한다.
○사주 종이 길이는 일정치 않으나 대략 사十센티미터 가량이다.
○접는 것은 왼편으로부터 접되 온 간수는 다섯 간으로 하고, 좌우 양 갓은 반간 정도로 한다. 간의 넓이는 약 七센티미터 정도로 한다.
○사주보(四柱褓)—안은 청색으로 하고 겉은 홍색(紅色) 비단으로 접쳐 만든다.
○사주 봉투는 둥근 대나무로 봉투의 길이보다 약간 길게 잘라, 그 중앙을 쪼개어

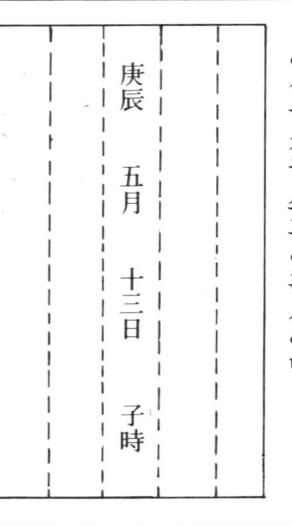

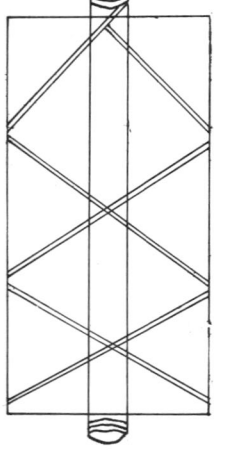

◎ 사주 보낼 때 서장

봉투 가로의 전후 중앙에 대고, 청홍실로 봉투 위 대쪽부터 묶어 앞그림 같이 유아 묶는다.

伏惟暮春(복유모춘)에
尊體萬重(존체만중)하신지 仰溯憧憧(앙소동동)이며 弟(제)는 劣狀(열상)
이依舊(의구)하니 私幸(사행)이로이다. 就控(취공), 親事(친사)는
旣承(기승), 鼎諾(정락)하여 寒門(한문)의 慶事(경사)이며 柱單(주단)을
專人奉呈(전인봉정)하니 涓吉回示(연길회시)하심을 仰望(앙망)하옵
고 留不備(유불비)하나이다.

　　　年　月　日　弟 ○○○ 拜上

◎ 답서

此時花春(차시화춘)에
華翰(화한)을 伏承(복승)하와 如獲百朋(여획백붕)이며 從審此際(종심차제)에
體度崇旺(체도숭왕)하시니 仰慰斗大(앙위두대)로이다. 弟(제)는 아
直如前(직여전)하니 私幸中(사행중)에 奏晉之誼(주진지의)를 맺아

鄙門(비문)의 光榮(광영)으로 生覺(생각)합니다. 俯送(부송)하여
주신 柱單(주단)을 領納(영납)하고 吉辰(길신)을 擇(택)하여
日에 奉呈(봉정)하겠으니 以此尊諒(이차존량)하시기 仰望(앙망)
하옵고 不備禮(불비례)하나이다.

　　　年　月　日　弟 ○○○ 拜謝

六、연 길(涓吉)

○ 연길식(涓吉式)

　봉투 전면

　　涓　吉

　봉투 후면

　　年　月　日

○연길은 규수 집에서 사주를 받으면 곧 길일(吉日)을 가리어 낭재(郎材—신랑) 집에 보낸다.

涓　吉

奠雁乙丑九月十五日午時
納幣同日隨時

七、친 영(親迎)

(1) 조상에 고유(告諭) [신랑집]

○ 당일 새벽에 조상에 고축(告祝)한다. 절차는 고조 이하의 지방(紙榜)을 붙이고, 주과포(酒果脯) 등을 진설한 후 행사한다.

◎ 고 축(告祝)

維歲次云云……孝玄孫某敢昭告于(유세차운운……효현손모감소고우)

顯高祖考學生府君(현고조고학생부군)
顯高祖妣孺人某貫某氏(현고조비유인모관모씨) 某之子某(모지자모) 將以(장이)
今日歸于某官某郡姓名(금일귀우모관모군성명) 不勝感愴(불승감창) 謹(근)
以酒果 用伸 虔告謹告(이주과 용신 건고근고)

이보다 약간 짧게 하고 간수는 다섯 간정도로 한다.

(二) 친 영

혼인 당일이 되면 신랑은 신부집으로 가게 된다. 후행(後行)으로는 그의 아버지가 같이 가는 것이며, 혹 할아버지 및 형이 같이 가는 수도 있다. (형은 할아버지와 아버지가 돌아가셨을 경우) 그리고 안부(雁夫─함부)가 따른다.

◎ 제 구 (諸具)

○ 납폐서(納幣書─혼서지) ○ 채단함(綵緞函)─청색, 홍색 일단의 비단을 넣는 함 ○ 관대함(冠帶函) ○ 사모(紗帽) ○ 대(帶) ○ 흑화(黑靴─수혜자) ○ 관복(冠服) ○ 복건(幅巾) ○ 목안(木雁)

(三) 정사처 (定舍處)

사처(舍處)를 정한다. 사처는 혼례식 날에 신랑이 신부가에서 초례를 지내기 전에 쉬는 곳인데 신부집 부근에 정결한 사랑으로 정한다.

(四) 조상에 고유 (신부집)

당일에 신부집에서도 또한 조상에 고유한다. 사당이 없으면 지방을 붙이고 거행하는데 고유 절차는 신랑집과 같다. 그리고 고유가 끝나면 초례식 준비를 한다. 사당에 고유가 끝난 후 초례식에 사용할 차일을 치고 자리를 깐 후 초례식 물건과 진설품(陳設品) 등을 준비하여 설치하고 초례 시간을 기다린다.

◎ 여가(女家)에서의 고유축

維歲次云云……孝玄孫某敢昭告于

顯高祖考學生府君
顯高祖妣孺人某貫某氏 第幾女 將以
今日 歸于某官 某郡姓名 不勝感愴
謹以酒果 用伸 虔告謹告

(五) 납 폐 (納幣─납채라고도 함)

납폐는 채단을 드리는 의식이다.
함부(函夫)가 채단함(綵緞函)을 지고 예청(禮廳)에 나가면 신부집 하님이 받아들고 들어간다.

○ 이때 납폐서(納幣書)도 같이 보낸다.

○ 납폐서는 간지(簡紙)가 없으면 창호지(窓戶紙)로 대용한다.

○ 크기의 길이는 四〇센티미터 가량이며, 너비는 五三센티미터 가량으로 하여 그림의 점선과 같이 접는다.

○ 봉투에 『謹封』이라고 쓴 짧은 봉투 셋을 만들어 피봉 上·中·下에 하나씩 넣는다. 그리고 謹封 두 개는 약간 더 크게 만들어 먼저 만든 謹封 셋을 끼우고 그 사이에 두 개를 덮어 끼운다.

◎ 납폐서식 (納幣書式─혼서식)

時維仲春(隨稱)
安東后人 金 ○ ○ 再拜
尊體百福 僕之長子○○(名) 年既長成
未有伉儷伏蒙
尊茲許以
令愛既室 茲有先人之禮 謹行納幣之儀
尊照謹上狀
不備伏惟
尊照謹上狀

年 月 日

피봉(皮封) 전면

上狀
李碩士 尊親執事

피봉 후면

```
┌─────────┐
│         │
│ 某       │
│ 官       │
│ 后       │
│ 人       │
│         │
│ 姓       │
│ 名       │
│ 拜       │
│         │
└─────────┘
```

謹封
謹封
謹封

때는 중춘에 존체 안녕하십니까. 나의 장자 ○○ 나이가 이미 장성하였으나, 아직 배필이 없던 중에 엎드려 높은 사랑을 입어 영애로써 배필을 주시오니 이에 선인의 예를 좇아 삼가 납폐의 의식을 행하나이다. 다 갖추지 못하오니 살피옵소서. 삼가 이 글을 올리나이다.

(六) 전안례(奠雁禮)

초례 시간이 되면 신랑은 성복(盛服)을 한다. 관복(冠服) 입고, 그 위에 사모(紗帽) 쓰고, 수건(幅巾) 쓰고, 관대(冠帶) 띠고 복혜자 신고, 초례청으로 나온다.

신랑이 문안으로 들어설 때, 신부집의 찬인(贊引-자제들이 한다)이 신랑을 향하여 읍(揖)을 한다. 신랑도 따라 읍하고 찬인을 따라 전안석(奠雁席)으로 간다.

신랑이 꿇어앉아 목안(木雁)을 전안상에 올려놓고 재배한다. 신랑이 재배하고 일어나기 전에 하님이 나와서 목안을 살짝 집어가는 일이 있는데 그 이유는 미상이다.

(七) 초 례(醮禮)

초례라 함은 예석(禮席)의 동서로 분좌(分坐)하여 합환주(合歡酒)를 마시며 백년해로를 맹세하는 식이다.

교배상(交拜床)을 중앙에 놓고 신랑은 동편에, 신부는 서편에 선다.

신랑이 초례청에서 동향하여 서면, 두 인이 신부의 좌우 팔을 부축하여 예청(禮廳)으로 나온다. 이때 신부는 족두리 쓰고 삼입고고 두 손을 합쳐 이마에 대고 서향하여 서면 신랑이 정면으로 앉고 신부가 잠시 후 신랑이 무릎을 꿇고 신부가 재배한다.

신부가 재배한 후 꿇어앉으면 신랑이 한번 절하고 꿇어앉는다.

신부가 또 재배하고 앉으면 신랑이 또 한번 절하고 꿇어앉는다.

신부측에서 먼저 잔에 술을 부어 신랑에게 보낸다. 신랑은 잔을 받아 마신 후 신부에게 보낸 기울이고(祭酒) 약간 잔을 받아 마신 후 신부에게 보내야 한다. 신부도 잔을 받아 약간 마셔야 한다. 다음에는 반대로 신랑측에서 신부에게 술잔을 보내고 신부가 먼저 마신 후 신랑에게 보내는 것이니 서로 주고 받는 차례씩 환음(歡飮)한다.

또 다음에는 큰 표주박에 술을 담아 전과 같이 교배(交拜)한다.

이상의 절차를 마치면 초례식이 끝나는 것이니, 신랑 신부는 각각 처소로 돌아간다.

◎ 초례석 설치 및 진설도

초례상 진설도

來賓席(내빈석)	待伴(대반)	新郎(신랑) 돗자리	후행(후행)

일반석(一般席)					창홀석(唱笏席)
	술	표주박	술	잔	
	팥씨	무명씨	콩씨		
	소나무 무명씨	물	무명씨 대나무		
	수탉	과실 과실	과실	암탉	
	잔	술	표주박	술	

婦女席(부녀석)	手母(수모)	新婦(신부) 돗자리	尊屬親(존속친)

(八) 동방화촉(洞房花燭)

동방화촉이란 초례를 마친 그날밤에 신랑 신부의 초야를 맞이함을 말하는 것이다. 옛날에는 청사촉롱(青紗燭籠)에 불을 밝히고 시녀가 좌우로 신랑을 인도하여 신부방으로 안내하였다.

(九) 우 례(于禮)

우례는 지금의 신행을 말함이다. 옛날에는 신랑이 먼저 사인교(四人轎)를 타고 앞을 서가고, 신부도 교자(轎子)를 타고 신랑의 뒤를 따라 신랑의 집으로 갔다. 그러나 지금은 이러한 예가 극히 드물고, 대개는 문명의 이기(利器)를 이용하여 신속한 신행을 하고 있다.

(十) 현구고례(見舅姑禮)

신부는 시가에 도착하여 시부와 시모에게 처음으로 인사를 드린다.

안방에서 시부모가 나란히 앉고, 그 주위에 친족이 서고, 시부모 앞에 상을 차려놓고 상위에 신부가 가져온 주찬(酒饌) 및 기타 안주 등속을 놓는다. 신부는 원삼에 족두리 쓰고, 시부 앞에 사배(四拜)하고 폐백을 올린 후, 또 시모 앞에 사배하고 폐백을 드린다. 다음에는 종당(宗黨)의 촌수와 항렬에 따라 며느리의 폐백을 받은 유물(遺物―패물 등속)을 며느리에게 전해 준다.

(十一) 재행(再行)

재행은 우례 뒤에 신랑이 신부 집에 가는 행사이다.

초례가 초행이니 이번이 두번째 가는 것이라 하며 재행이라 한다.

신랑은 장인 장모에게 폐백을 드린 후 처당(妻黨)의 친족들을 찾아 일일이 인사를 나눈다.

(十二) 근친(覲親)

근친이란 신부가 성례(成禮)를 한 뒤 처음으로, 친정이란 신부모를 찾아 뵈러 가는 것이다. 근친으로 신부가 친정에 가는 기간 또 친정에

가서 있는 기간은 고금과 지방의 풍속에 따라 다르며 어떠한 규정된 법이 있는 것은 아닙니다.

◎ 전안시 창홀(奠雁時唱笏)

① 新郎下馬拱立 신랑하마공립
② 贊引揖 찬인읍
③ 新郎揖 신랑읍
④ 置雁於地 치안어지
⑤ 新郎跪 신랑궤
⑥ 新郎抱雁 신랑포안
⑦ 新郎俛伏興 신랑부복흥
⑧ 新郎興 신랑흥
⑨ 新郎再拜 신랑재배
⑩ 新郎 신랑
⑪ 新郎少退 신랑소퇴

◎ 초례홀기(醮禮笏記)

① 新郎就醮禮廳 신랑취초례청
② 新郎東向立 신랑동향립
③ 新婦 신부
④ 新郎正向 신랑정향
⑤ 新郎新婦跪 신랑신부궤
⑥ 與洗執 관세집
⑦ 新郎新婦興 신랑신부흥
⑧ 揖婦就席 읍부취석
⑨ 新婦再拜 신부재배
⑩ 新婦再拜 신부재배
⑪ 新郎答一拜 신랑답일배
⑫ 新郎興 신랑흥
⑬ 新婦
⑭ 新婦跪 신부궤
⑮ 新郎答一拜 신랑답일배
⑯ 新
⑰ 行砂盃禮 행사배례
⑱ 行瓢盃禮 행표배례
⑲ 畢 필
⑳ 新郎新婦歸處所 신랑신부귀처소

◎ 문안편지(問安便紙) 〈신행일에 신부의 어머니가〉

일길신량(日吉辰良)하와 대례순성(大禮順成)하오니 양가의 경행(慶幸)으로 아옵니다. 댁내 강녕하시며 고루 편안들 하시온지 두루 듣잡고자 하나이다. 이곳은 별고 아오니 다행으로 생각합니다. 특히 윤랑(允

郎)의 용모풍채(容貌風彩)와 준일(俊逸)한 기상은 뉘 아니 칭찬하오리까. 과분한 줄로 아옵니다. 다만 가르치지 못하여 식을 존문(尊門)에 들여보내옵고 송구한 마음을 금하지 못하나이다.

더우기 변변히 갖추지 못한 혼구(婚具)는 부끄럽기 측량할 길이 없읍니다. 널리 헤아려 주시기 바라오며 불비례하나이다.

바라옵건대 너그러우신 마음으로 순순(諄諄) 지도하시며 매사의 잘못된 점을 널리 용서하여 주시면 감사하겠읍니다.

삼춘가절(三春佳節)에 일기화창(日氣和暢)하여 우례순성(于禮順成)하오니 무한한 기쁨으로 생각하나이다.

년　월　일　사돈 金○○ 上狀

◎ 답장(答狀) 〈신랑의 어머니가 신부의 어머니에게 보내는 답장〉

이때, 먼저 글월을 주시오니 기쁘기 측량할 길 없었던 중, 요사이 위로 만만이로소이다. 이곳은 대소평길(大小平吉)하오니 실로 다행이옵니다.

연이나 우둔한 돈아(豚兒)가 학식도 없고, 자격도 충분치 못한 것을 너무나 과찬하여 도리어 괴난(愧赧)하옵니다.

한 유(幽)한 용모는 볼수록 귀여운 중에 태도와 새 사람을 대함에 정정(貞靜)한 지(止) 없으니, 행동거지(行動擧止) 또한 일호(一毫)도 서툴은 점이 없으니, 물론 존문에 교양이 깊어 내칙(閨範內則)의 예도 밝은 듯합니다.

이로부터 비문(鄙門)의 종사(宗祀)에 계승할 사람이 있다 하겠으니 어찌 영광이 아니오리까. 잘못한 점을 용서하라는 부탁의 말씀은 잘 봉행(奉行)하겠읍니다.
군자도 혹 과오가 있거늘 사람으로서 잘못하는 일이 없다 함은 지나친 말인 줄 알고 있읍니다. 너무 염려 마시옵소서.
이만 그치오며 붓을 놓나이다.

년 월 일 사돈 박○○답상장

◎ 육례(六禮)

① 納采(납채) ② 門名(문명) ③ 納吉(납길) ④ 納徵(납징) ⑤ 請期(청기) ⑥ 親迎(친영)

① 納采 — 납채는 채택하는 예를 드리는 것이라 하였다. 처음에 중매를 시켜 여가에 혼하여, 만일 여가에서 허락이 있으면 남가에서는 예물을 여가에 보내는 것이다.

② 門名 — 낭재의 용모 성행(容貌性行) 및 그밖의 모든 것을 상세히 탐지하고 또는 생년월일 등을 알아보는 것이다.

③ 納吉 — 납길은 혼인의 길흉을 점쳐 보는 것이다. 모든 것을 세밀히 탐지하여 적합하면 점쳐서 후일의 장래에 대한 길흉을 알아 보아서 흉하지 않면 길하면 주단(柱單)에 과의 (罷議)하고 길하면 주단(柱單)에 점쳐 본다.

④ 納徵 — 납징은 폐백(幣帛)을 거래한다. 납징을 폐백(幣帛)을 사자(使者)

◎ 현행육례

① 問名(문명) ② 四柱(사주) ③ 涓吉(연길) ④ 納幣(납폐) ⑤ 奠雁(전안) ⑥ 親迎(친영)

⑤ 請期 — 청기는 남가에서 여가에 연길(涓吉)을 청하여 혼기를 청하는 것이다.

⑥ 親迎 — 친영은 혼인날에 신랑이 신부집으로 가서 신부를 맞아 자기 집으로 돌아와 행례하는 것이다.

◎ 청첩장(請牒狀) 〈一〉

鄭○○氏 三女 ○○孃
金○○氏 次男 ○○君

請牒狀 〈一〉

右兩人의 華燭之典을 左와 如히 擧行하겠압기 玆에 尊駕를 奉激하오니 幸賜光臨하심을 仰望하나이다.

日時   年 月 日(陰 月 日) 時
式場   郡 面 里 新郎自宅
披露宴   月 日 新郎自宅

年 月 日
主 禮 李 ○ ○
請牒人 申 ○ ○

◎ 청첩장(請牒狀) 〈二〉

鄭○○氏 ○女 ○○孃
金○○氏 ○男 ○○君

謹啓

右兩人 結婚式 如左擧行 玆敢奉邀 尊駕幸賜 掃萬 柱臨之榮 伏望

一, 日時   年 月 日(陰 月 日) 時
一, 式場   郡 面 里 新婦自宅
一, 于禮   月 日

親族代表 ○ ○
友人代表 ○ ○

○○○氏
同令夫人 貴下

※ 청첩장은 시중에서 판매하는 봉함엽서면 좋나.

◎ 결혼 六개월 전부터 최소한 一개월 전까지 사이에 할 일들

○ 결혼식장 예약
○ 신혼 여행지 선택
○ 예복 구상
○ 결혼 날짜 결정
○ 주례, 사회자, 안내인, 접수 등 각 부서

友人代表 權 ○ ○

同令夫人 貴下

◎ 결혼 一개월부터 二주일까지 사이에 할 일들
○ 가구의 계획
○ 여행시의 계획
○ 가옥 준비
○ 청첩장 준비
○ 책임자 의뢰
○ 예복 주문
○ 청첩장 발송
○ 신혼여행지의 호텔 예약
○ 예식장 관계자와 협의
○ 답례품 준비

◎ 결혼 二주일 전부터 一주일 전까지 사이에 할 일들
○ 내빈 방명록 준비
○ 가구 및 일용품 구매
○ 직장에 휴가원 제출
○ 꽃다발 주문
○ 악세세리 준비
○ 예복 완성
○ 사진담당 의뢰
○ 미용원 예약

◎ 결혼 一주일부터 전날까지 사이에 할 일들
○ 여행용 가방 내용 검토
○ 자동차 예약
○ 식장과의 최종 협의
○ 충분한 수면을 취하도록 안정할 것

결혼과 법률 (結婚·法律)

(一) 父母의 婚姻同意權

남자 만 二十七세, 여자 만 二十三세 미만의 자에 한하여 혼인을 할 때에는 부모의 동의를 얻어야 한다.

부모 등이 동의하지 않으면 혼인 신고는 수리되지 않으므로 결국 부모 등의 거부를 거부하면 그 자녀의 혼인은 성립되지 못하게 된다. 그러나 부모의 혼인동의의 거부가 현저히 부당하다고 인정되는 경우에는 권리남용의 법리(法理)를 적용할 수 있다.

(二) 結婚과 申告

우리나라는 법률혼주의(法律婚主義)를 채택한 나라이다. 다시 말하면 혼인은 호적법에 정한 바에 의하여 신고함으로써 그 효력이 발생한다.

결혼식을 하고 부부 생활을 하더라도 혼인신고를 하지 않는 한 법률상 부부가 될 수 없다. 혼인신고를 하지 않고 있는 사이에 불의지변(不意之變)을 당하여 二중, 三중의 부당한 일을 당하는 사람을 허다하게 볼 수 있다.

결혼 당일에 모든 것을 준비했다가, 혼인 신고하는 것을 절대 잊어서는 안된다.

(三) 婚姻의 無效

① 당사자에 혼인의 합의가 없을 때
② 당사자에 직계 혈족·八촌 이내의 방계혈족 (傍系血族) 및 그 배우자가 친족관계가 있거나 또는 있었던 때

(四) 婚姻과 同居義務 및 扶養

③ 당사자에 직계 인척·夫(남편)의 八촌 이내의 혈족인 인척 관계가 있거나 또는 있었던 때

부부는 동거하여야 한다. 그러나 정당한 이유로 일시적으로는 동거하지 아니하는 경우에는 서로 참아야 한다. 정당한 이유없이 동거하기를 거부하면 이혼 원인이 된다.

◎ 결혼 기념일

① 지혼식(紙婚式) = 一주년 기념일
② 고혼식(藁婚式) = 二주년 기념일
③ 과혼식(菓婚式) = 三주년 기념일
④ 혁혼식(革婚式) = 四주년 기념일
⑤ 목혼식(木婚式) = 五주년 기념일
⑥ 화혼식(花婚式) = 七주년 기념일
⑦ 석혼식(錫婚式) = 十주년 기념일
⑧ 마혼식(麻婚式) = 十二주년 기념일
⑨ 동혼식(銅婚式) = 十五주년 기념일(이날은 銅 기념품을 준다)
⑩ 도혼식(陶婚式) = 二十주년 기념일
⑪ 은혼식(銀婚式) = 二十五주년 기념일(이날은 도자기 기념품을 준다)
⑫ 진주혼식(眞珠婚式) = 三十주년 기념일
⑬ 산호혼식(珊瑚婚式) = 三十五주년 기념일
⑭ 홍옥혼식(紅玉婚式) = 四十五주년 기념일
⑮ 금혼식(金婚式) = 五十주년 기념일
⑯ 금강석혼식(金剛石婚式) = 七十五주년 기념일은 가장 뜻 깊게 기념하는 예가 많으며 은 제품의 기념품을 준다